普通高等教育"十三五"规划教材
学前教育专业系列教材

利津一幼儿童户外游戏探索与创新

刘合田　主编

科学出版社

北　京

内 容 简 介

本书结合《3—6岁儿童学习与发展指南》(以下简称《指南》),顺应学前儿童好奇心强、喜爱游戏、乐于挑战的天性,收录了充满野趣、自主创新,集实用性、趣味性于一体的户外游戏实例53例。在内容上分为攀爬游戏、平衡游戏、跑跳游戏、水上游戏、情景游戏及其他游戏,每例游戏分别从设计意图及教育意义、游戏器械、游戏玩法、注意事项、建议及落实《指南》情况等方面进行了详细说明,并配有与内容相对应的游戏活动光盘,方便读者能够更有目的地安排和组织幼儿开展户外游戏,具有很强的可操作性和借鉴价值。

本书可用于高等院校学前教育专业本、专科学生教学,也可用于各级各类幼儿园教师培训,还可用于各幼儿园、亲子机构等教师和家长学习。

图书在版编目(CIP)数据

利津一幼儿童户外游戏探索与创新/刘合田主编. —北京:科学出版社,2017

(普通高等教育"十三五"规划教材·学前教育专业系列教材)
ISBN 978-7-03-053199-5

Ⅰ. ①利… Ⅱ. ①刘… Ⅲ. ①学前教育-游戏课-高等学校-教材
Ⅳ. ①G613.7

中国版本图书馆CIP数据核字(2017)第128226号

责任编辑:王 彦/责任校对:刘玉靖
责任印制:吕春珉/封面设计:东方华人

科 学 出 版 社 出版

北京东黄城根北街16号
邮政编码:100717
http://www.sciencep.com

三河市骏杰印刷有限公司印刷

科学出版社发行　　各地新华书店经销

*

2017年6月第 一 版　　开本:787×1092　1/16
2017年6月第一次印刷　　印张:12
字数:269 000

定价:80.00元(含光盘)

(如有印装质量问题,我社负责调换〈骏杰〉)

销售部电话 010-62136230　编辑部电话 010-62130750

本书编写人员名单

主   编　刘合田

副 主 编　黄建玉　崔志军

编   委　石凌霞　胡培伟　王耀英　王　艳　李　艳

　　　　　　胡培红　徐媛媛　李娜娜　周翠霞　崔　峰

　　　　　　吕文娜　郭　靖　梁　娟　李　燕

参编人员　（以姓氏拼音为序）

　　　　　　蔡　宇　陈光花　程娟娟　崔立霞　崔婷婷

　　　　　　范敏敏　高向伦　宫英梅　宫盈盈　郭媛媛

　　　　　　李爱新　李桂花　李建霞　李占美　刘　云

　　　　　　刘爱英　刘庆云　刘树红　商卫萍　邵佳丽

　　　　　　孙　凯　孙丽芳　唐宗娇　王　玉　王春青

　　　　　　王秀华　谢清华　解瑞芝　徐　莉　杨　云

　　　　　　张　岚　张君荣　张盼盼　张伟伟　赵梦雪

前　言

　　游戏是一种广泛存在的社会生活活动，有了人类就有了游戏。游戏随着人类社会的持续进步而不断发展，因而游戏具有悠久的历史，也有其独特的发展前景。著名人类学家阿什利·蒙塔古提出："在生命的所有时间里，都需要游戏，是游戏成就了健康的儿童，也是游戏使人生更丰富，更富有弹性，充满乐趣。"我国著名儿童教育家陈鹤琴先生认为："小孩子是好游戏的，是以游戏为生命的。"我国著名经济学家于先运曾说"人之初，性本玩""小孩子不玩是长不大的"。游戏是儿童生活快乐的源泉，对儿童的发展有着不可替代的重要意义。法国著名学家蒂索则认为："运动能代替药品，但世界上任何药品都不能取代运动。"

　　1998年世界教育大会的主题被定为保护儿童游戏的权利。《儿童权利宣言》《儿童权利公约》都把游戏作为儿童的基本权利之一。我国先后颁布的《中华人民共和国未成年人保护法》《幼儿园工作规程》《幼儿园教育指导纲要（试行）》等一系列文件法规也就游戏作为儿童的权利问题做出了明确的规定。

　　《幼儿园工作规程》中明确规定：幼儿园每日户外活动时间不得低于2小时。幼儿期是身体发育最快的时期，适宜的运动对幼儿体力的增强、智力的发展、优良品质的培养以及对美的感受都有着积极的作用。幼儿在户外游戏中进行奔跑、跳跃、攀爬、平衡等活动，能促进其骨骼肌肉系统的生长发育，各器官的生理机能也会得到锻炼和改善。户外游戏还能让幼儿充分接触新鲜的空气和阳光，以提高幼儿对外界环境变化的适应能力，增强身体的抵抗力。但是，在现实生活中，由于对幼儿安全的过分担忧，家长、幼教工作者在组织户外游戏的过程中不敢放手，不让幼儿尝试具有挑战性的游戏。因此，出现了一批"塑料儿童""小绵羊"，这必须引起广大教育工作者的关注。

　　我们因地制宜地整合教育资源，将有限的教育资源最大化，做到让幼儿园里的每一寸土地都充满灵性，顺应孩子好奇心强、喜爱游戏、乐于挑战的天性，参阅学前教育领域相关研究成果，结合我园一线教师有价值的实践经验，编写了本书。

　　本书注意了理论与实践的结合，在游戏案例的确立、材料的选择、玩法的探索上，充分考虑了幼儿园教师和幼儿的需要，在语言上力求通俗易懂、严谨规范，在游戏的选择上力求新颖、刺激、好玩、易操作。

这是一本放飞天性的书，一本亲近自然的书，一本体验快乐的书。愿幼儿在游戏中启迪心智、锻炼体能，愿幼儿园教师在游戏中感悟成长，获得发展。

　　游戏伴着儿童发展，儿童在游戏中成长。让我们出发，一起游戏吧！

目　　录

第一篇

攀爬游戏

1.1　爬绳、爬杆、爬管、爬树

✏️ 设计意图及教育意义

攀爬融合了爬、支撑、拉、攀等很多不同的能力，是一项复杂的技能。它可以训练幼儿大肌肉群和经常被忽视的肌肉组（手部和脚部肌肉）以及关节的动作。在幼儿园进行攀爬能力的练习，能锻炼幼儿的四肢协调性和动作的灵活性，增强幼儿的体力，还能锻炼幼儿的胆量，磨炼他们的意志，对培养幼儿坚持不懈、勇敢无畏等品质具有重要作用。攀爬和游泳一样也是一种求生技能，当面临危险时这项技能将帮助你成功逃离。

1.1.1　爬双绳

一、游戏器械

两根大棕绳（可到体育器械专营店购买），上下两端分别固定在铁架上，高度 3m 左右，底下用木板固定一下，避免来回晃荡（见图 1.1.1 和图 1.1.2）。

二、游戏玩法

1. 幼儿用绳分别把两条腿缠绕起来，双手抓牢绳子，利用脚向外蹬绳的力量并结合手臂的力量向上爬，直至爬到顶端（见图 1.1.3 和图 1.1.4）。

2. 当幼儿爬累了，可以坐在下端的木板上，将其当作秋千摇晃，既舒服又惬意。

三、注意事项

1. 绳子的两端固定要牢固、结实，避免游戏过程中脱落。
2. 地面做成沙地或做成 5cm 厚的塑胶地垫。
3. 攀爬时绳子容易摩擦小腿和脚面，让幼儿穿长裤和运动鞋。

四、建议

1. 如果幼儿园有足够高的绿色长廊，可以将绳子垂挂在长廊下面，一是可以一地多用，二是夏天不至于太热。

2. 可以在幼儿园场地的一角焊制专门的铁架子来制作。如果幼儿园有几棵大树，也可选择几根粗大的树枝，将绳子垂挂下来制作而成。

图 1.1.1　　　　　　　　　图 1.1.2

图 1.1.3　　　　　　　　　图 1.1.4

1.1.2　爬单绳

一、游戏器械

大棕绳一根，垂挂于树干或铁管上，高度 3m 左右（见图 1.1.5 和图 1.1.6）。

二、游戏玩法

幼儿用腿和脚牢牢地夹住绳子，夹稳之后向上抓，手抓牢之后腿放松，利用手臂的力量将身体向上移动，如此往复，直至到达最高处，也可以爬到中间以后荡着玩（见图 1.1.7 和图 1.1.8）。

三、注意事项

1. 绳子的上端固定要牢固、结实，避免游戏过程中脱落。
2. 攀爬时绳子容易摩擦小腿和脚面，要让幼儿准备不易磨损的长裤和运动鞋。

图1.1.5

图1.1.6

图1.1.7

图1.1.8

四、建议

这个游戏难度较大，开始攀爬时，在引导幼儿掌握动作要领的同时，教师要及时表扬幼儿的点滴进步，鼓励幼儿大胆尝试。

1.1.3　爬细铁管

一、游戏器械

直径3cm左右的铁管一根，垂挂于树干或铁管上，高度3m左右（见图1.1.9）。

二、游戏玩法

幼儿先用手抓住管子，然后用腿牢牢盘住管子，腿夹稳之后向上抓，手抓牢之后腿放松，手脚交替用力，利用手臂及腰部的力量将身体向上移动，达到一定高度后，腿向上移动一部分再夹紧管子。如此反复，直到达到最高处（见图1.1.10）。

三、注意事项

1. 管子的上端固定要牢固、结实，避免游戏过程中脱落。
2. 管子下端的混凝土要用厚厚的细沙覆盖，避免发生安全事故。
3. 攀爬时管子容易摩擦小腿和脚面，让幼儿穿不易磨损的长裤和运动鞋。

四、建议

铁管相对于绳子来说比较滑，需要幼儿具有一定手掌抓握的力量才能抓牢。开始玩这个游戏的时候，教师要及时指导并鼓励幼儿。

图 1.1.9　　　　　　　　图 1.1.10

1.1.4　爬粗铁管

一、游戏器械

管子直径 7cm 左右，长 7m 左右。在沙池中挖一个长宽为 0.8m、深 0.5m 的坑，把铁管下端用混凝土固定好（见图 1.1.11）。

二、游戏玩法

与攀爬细铁管动作类似，只是铁管较粗，对手臂、腿、腰的力量要求更高，而且铁管高达 6 米多，要爬到顶端，需要很大的耐力和毅力（见图 1.1.12）。

图 1.1.11　　　　　　　　图 1.1.12

三、注意事项

1. 管子底部固定要牢固、结实，避免游戏过程中歪倒。
2. 管子容易摩擦小腿和脚面，攀爬时要让幼儿准备不易磨损的长裤和运动鞋。

四、建议

爬到管子顶部对有些幼儿来说难度较大，只有部分幼儿能坚持爬到顶端。游戏过程中，教师要针对不同幼儿的体质，提出不同要求。

1.1.5 爬树

一、游戏器械

高 3～8m 的大树（见图 1.1.13）。

二、游戏玩法

树干表面粗糙，摩擦力强，适合幼儿攀爬。幼儿用胳膊和腿盘住树干，宛如章鱼的触角一样，吸附在树干上，等抓牢了之后，一点一点地向上爬（见图 1.1.14）。

图 1.1.13　　　　　　　　图 1.1.14

三、注意事项

树干容易摩擦小腿和脚面，攀爬时要让幼儿准备不易磨损的长裤和运动鞋。

四、建议

　　树木在幼儿园里很常见，也是一个很好的攀爬素材。开始游戏的时候，教师要引导幼儿选择合适粗细且低矮的树进行攀爬，让幼儿体验到成功的喜悦，增强自信。然后，再鼓励幼儿攀爬较高的树，逐步增加攀爬难度，激发幼儿的游戏兴趣。

　　爬树的本领练好后不仅可以用来健身、比赛，还可以摘果子（见图1.1.15），自己亲手摘的果子吃起来会格外得香甜。

图 1.1.15

📝 落实《指南》情况

　　《指南》在健康领域的动作发展目标中要求幼儿"动作协调、灵敏""具有一定的力量和耐力"，并在教育建议中鼓励幼儿进行走、跑、跳、攀、爬等活动，发展幼儿动作的协调性和灵活性，锻炼耐力。爬绳、爬杆、爬管、爬树等攀爬游戏中，幼儿必须双腿双手协调用力，双手抓牢器械，双脚或蹬、或夹、或盘，手臂、腰和腿的力量形成合力才能成功向上爬，在此过程中，幼儿身体及动作的协调性、力量和耐力等都得到了很大程度的锻炼，达到了《指南》的目标要求。

　　对于小班的幼儿，侧重激发其攀爬兴趣，注重其手脚配合，锻炼其胆量；中班的幼儿主要是训练耐力及发展上肢力量；大班的幼儿主要训练协调性、灵活性。攀爬活动让幼儿体验活动带来的成功感、快乐感，增强自信心，锻炼其胆大、勇敢、不怕困难的品质。

1.2　滑高空滑索

设计意图及教育意义

现在很多幼儿非常胆小，对于危险的事物更是畏头畏尾、不敢尝试或是没有机会尝试，究其原因，其一是家长对幼儿保护太多，怕这怕那；其二是成人灌输给幼儿过分的"安全意识"。久而久之，幼儿的挑战精神大打折扣，不敢尝试看起来刺激的事物和动作。因此，我们设计了滑高空滑索的游戏，让幼儿首先爬到高高的梯子上，然后抓住滑索，离开梯子快速地滑下，使幼儿在有惊无险的快速刺激中感受快乐和满足（见图 1.2.1）。

图 1.2.1

此游戏不仅提升了幼儿的上肢力量，更重要的是能使幼儿克服恐惧，尝试身体悬空下滑带来的感官冲击，体验空中滑索带来的乐趣，从而提升了幼儿不怕困难、勇于挑战、战胜自我的优秀品质。

一、游戏器械

在一棵树和铁架之间扯上一根油丝绳（要一端高一端低，便于滑行），场地下面是一个宽 5m、长 15m 的沙池（见图 1.2.2）。在油丝绳上安装一个滑轮，滑轮下安一个把手用于幼儿抓握，滑轮上端系一根绳（见图 1.2.3）。此绳要穿过一个固定在上方的环，另一端自然下垂（见图 1.2.4），绳的作用是把滑向低端的滑轮拉回。树下固定一个木梯（见图 1.2.5），便于幼儿爬上去抓住把手。树干下、木梯的下方、铁架上都要包裹防护垫以保安全（见图 1.2.6）。

二、游戏玩法

1. 幼儿爬上梯子，双脚稳稳地站立在梯子上，双手抓牢把手（见图 1.2.7）。
2. 抬起双脚，身体在重力的作用下自然下滑。在下滑的过程中，双腿蜷在胸前，双手要牢牢抓住把手，不能松开，到达终点再松手（见图 1.2.8）。

图 1.2.2

图 1.2.3

图 1.2.5

图 1.2.4

图 1.2.6

图 1.2.7

图 1.2.8

三、注意事项

1. 身体离开木梯时要自然下滑，不能起跳。

2. 在滑的时候双手要抓紧把手，不可松开。

3. 滑到低端时，蜷起的双腿放下并跟着身体向前冲跑几步以便缓冲一下前进的力量使身体停住。

四、建议

可以在幼儿园场地的一角焊制专门的铁架来制作，也可选择两棵较粗的大树，中间用滑索连接来制作。

✎ 落实《指南》情况

滑索游戏适合中大班幼儿。《指南》在健康领域的动作发展目标中要求幼儿"具有一定的平衡能力"，其中，要求"4~5岁幼儿能在较窄的低矮物体上平稳地走一段距离""5~6岁幼儿能以手脚并用的方式安全地爬攀登架、网等"。幼儿双手抓握木梯两边，手脚并用在木梯上上下，锻炼了幼儿的平衡能力。《指南》在健康领域的动作发展目标中还要求"4~5岁幼儿能双手抓杠悬空吊起15秒左右""5~6岁幼儿能双手抓杠悬空吊起20秒左右"。在滑滑索的过程中，幼儿双手握住把手，吊起整个身体，快速滑行，上肢力量和耐力得到了很好的锻炼，并且培养了幼儿大胆勇敢的精神品质，使其体验到成功的喜悦，达到了《指南》的目标要求。

1.3　走空中长廊

设计意图及教育意义

空中长廊以大树为载体，把长廊固定于半空中，打破了常规的设计理念，创意独特，设计巧妙。空中长廊由于建造在大树底下，浓密的树冠不仅能为幼儿遮阳，更增加了游戏的趣味性。游戏中，幼儿可通过登台阶、爬树、爬树网等途径登上开放式设计的长廊，亲身体验站在长廊上与树上小鸟对话、居高临下、登高望远的美妙感觉，这极大地调动了幼儿参与的积极性，锻炼了他们的胆识和攀爬能力。

一、游戏器械

空中长廊（长约 7.5m、高约 75cm、宽约 60cm）、爬网（长约 10m、高约 2.2m，见图 1.3.1）。

图 1.3.1

二、游戏玩法

1. 幼儿由梯子爬上去，走过长长的木制长廊，依次从滑梯处滑下来（见图1.3.2和图1.3.3）。边滑边念儿歌："滑滑梯，滑滑梯，你上我下别着急，上去好像爬高山，下来好像坐飞机。"

2. 登上空中长廊的路径还有很多，比如，有的幼儿尝试从树网或树上爬到长廊上，然后从滑梯处滑下来（见图1.3.4和图1.3.5），不同的路径也有不同的乐趣。

3. 幼儿在长廊上徜徉、游戏，登高望远，还可以和鸟窝里的小鸟"聊天"（见图1.3.6）。

图 1.3.2

图 1.3.3

图 1.3.4

图 1.3.5

图 1.3.6

三、注意事项

提醒幼儿排队依次爬到长廊上，不推也不挤，在长廊上不做剧烈跑、跳的危险动作。

四、建议

在选择设计和安装时要充分利用好空间，利津一幼的优势主要是依托于几棵有造型的大树。幼儿园里如果没有大树的话也可以用铁架做支撑。

✎ 落实《指南》情况

《指南》在健康领域的动作发展目标中要求"5～6岁幼儿能在斜坡、荡桥和有一定间隔的物体上较平稳地行走，能以手脚并用的方式安全地爬攀登架、网等"。在空中长廊游戏中，幼儿需通过手脚并用爬梯子、爬绳网等进入长廊，在此过程中，幼儿的攀爬能力、身体及动作的协调性、力量等都得到了很大程度的锻炼。在爬绳网进入时，幼儿必须坚持不放弃才能取得成功，符合《指南》中鼓励幼儿坚持下来，不怕累的理念。另外，在空中长廊上，幼儿和大树、和树上小鸟"对话"，符合《指南》科学领域中提出的"经常带幼儿接触大自然，激发其好奇心与探究欲望"的建议。幼儿在活动中和大树、小鸟互动，将《指南》中"引导幼儿关注和了解自然与人们生活的密切关系，逐渐懂得热爱、尊重、保护自然""结合幼儿的生活需要，引导幼儿体会人与自然、动植物的依赖关系"这些要求落实到了游戏中。

1.4 翻 吊 环

✎ 设计意图及教育意义

翻吊环作为一项运动，已经有了 100 多年的历史。吊环主要锻炼人的上臂肌肉、胸大肌和背阔肌。开始时幼儿可以仅练习翻吊环，当翻吊环的动作熟练后，幼儿就可以自己探索出在吊环上倒立、站立在吊环上等高难度的动作，在挑战成功后收获快乐。幼儿在玩吊环的同时，既锻炼了臂力和腰部力量，又体验到了成功带来的喜悦，更重要的是幼儿的创造性在游戏中得到了很好的发挥。

一、游戏器械

系吊环的大棕绳两根（可到体育器械专营店购买），离地高度 1.5m 左右，可垂挂于树干或铁管上（见图 1.4.1）。

图 1.4.1

二、游戏玩法

（一）翻吊环

幼儿双手抓紧吊环，保持站立姿势。双脚用力蹬地，双腿弯曲，同时用力将身体翻过吊环（见图 1.4.2）。

图 1.4.2

（二）在吊环上倒立

幼儿在翻吊环的时候双脚伸直，保持平衡，同时双手牢牢抓住吊环，在吊环上呈现倒立的姿势（见图 1.4.3）。

（三）站在吊环上

幼儿将双脚插进吊环里，然后双手抓住绳子向上移动，最后将腿分别抽出来，站在吊环上（见图 1.4.4）。

三、注意事项

1. 练习时教师在一旁保护。

2. 幼儿自己练习有难度的动作时，双手必须抓紧吊环，注意自我保护。

3. 地面放垫子或做成沙地或做成 5cm 厚的塑胶地垫。

图 1.4.3

四、建议

1. 如果幼儿园有足够高的绿色长廊，可以将吊环垂挂在长廊下面，一是可以一地多用，二是夏天不至于太热。

2. 可以在幼儿园场地的一角焊制专门的铁架子来制作。如果幼儿园有几棵大树，也可选择几根粗大的树枝，将吊环垂挂下来制作而成。

图 1.4.4

📝 落实《指南》情况

吊环游戏适合小中大班幼儿。《指南》在健康领域的动作发展目标中要求 "3～4 岁幼儿能双手抓杠悬空吊起 10 秒左右" "4～5 岁幼儿能双手抓杠悬空吊起 15 秒左右" "5～6 岁幼儿能双手抓杠悬空吊起 20 秒左右"。吊环游戏中，小班幼儿重点感受游戏的乐趣，在抓握中增加感知经验，感受手臂的力量以及自身的体重等；中大班幼儿练习翻吊环，锻炼了幼儿的上臂肌肉、胸大肌和背阔肌，抓杠悬空得到了锻炼；当翻吊环的动作熟练后，幼儿可以探索尝试在吊环上倒立、站立在吊环上等高难度的动作，在锻炼了臂力和腰部力量的同时，还发展了幼儿的平衡能力、动作的协调性及灵敏度。《指南》在科学领域中要求 "5～6 岁幼儿在探索中有所发现时感到兴奋和满足"，而幼儿在探索出吊环的新玩法后犹如发现了新大陆一样兴奋，挑战成功后获得了极大的满足感与愉悦感，其创造性得到了空前的发展，体验了成功者的快乐。此游戏在锻炼幼儿身体的同时也培养了幼儿的探索精神，符合《指南》的要求。

1.5 爬 树 屋

设计意图及教育意义

为了培养幼儿勇敢的品质，锻炼幼儿强壮的体魄，满足幼儿对童话世界的向往，我园充分利用自然条件，创造性地借助树的枝杈开发搭建了树屋。

幼儿顺着梯子爬上树屋，锻炼了攀爬能力、体力及胆魄，发展了动作的协调性和平衡性，磨炼了意志；站在树屋里嬉戏玩耍，向远处观望，能培养幼儿对空间的感觉；利用望远镜观看远方，亲身体验站得高看得远的感觉，让幼儿获得了有益、成功的经验。

一、游戏器械

树屋场地（见图 1.5.1）、望远镜（见图 1.5.2）。

图 1.5.1

图 1.5.2

二、游戏玩法

1. 首先带领幼儿做热身运动（见图 1.5.3 和图 1.5.4），以免攀爬带来肌肉损伤。

2. 幼儿依次顺着梯子爬入树屋（见图 1.5.5 和图 1.5.6）玩各类角色小游戏，如过家家游戏、守城游戏等。

3. 登高望远：幼儿身挂望远镜爬上树屋后，用望远镜观看远方的事物（见图 1.5.7 和图 1.5.8），如飞鸟、高楼、白云等，亲身体验站得高看得远的美妙感受。

图 1.5.3

图 1.5.4

图 1.5.5

图 1.5.6

图 1.5.7

图 1.5.8

三、注意事项

在攀爬的过程中，幼儿要抓好梯子，不能推搡。同时，爬上树屋后，不能在里面打闹、拥挤，人数不超过 6 人。

四、建议

1. 在爬梯上端两边安扶手，幼儿进入树屋时可以借力。
2. 定期检查树屋各部分的牢固性。

✏ 落实《指南》情况

《指南》在健康领域的动作发展目标中要求幼儿"5～6岁能以手脚并用的方式安全地爬攀登架、网等"，并在教育建议中鼓励幼儿进行走、跑、跳、攀、爬等活动，发展幼儿动作的协调性和灵活性，锻炼耐力。

在攀爬树屋的过程中，幼儿手脚并用，通过保持自己的重心平衡，上臂和大腿发力，使自己一步一步最终爬到树上的屋子中。在登高望远的过程中，幼儿既锻炼了动作和胆量，同时又欣赏了美丽的景色，一举多得。

另外，《指南》中科学领域有"亲近自然，喜欢探究"的目标要求，建议"为幼儿提供一些有趣的探究工具，用自己的好奇心和探究积极性感染和带动幼儿"。树屋的搭建，望远镜的提供，在满足幼儿积极向上的向往的同时，为幼儿接触自然、探索自然开辟了一条有趣的通道，满足好奇心的同时激发了新的探究欲望。幼儿通过爬上高高的树屋感受大树的成长和力量，能够从另一个角度看到大树的躯干和叶子，还有偶尔飞过的蝴蝶、蜻蜓，以及各种小虫子，培养了幼儿热爱自然、敬畏自然、崇尚科学的情感。

1.6　爬软梯、荡荡绳

✎ 设计意图及教育意义

为了提高幼儿身体的协调性和灵活性，同时丰富我园户外活动的多样性和趣味性，我们因地制宜，利用我园的树木，创造性地开发了软梯和荡绳项目。

软梯和荡绳活动是一种锻炼幼儿手部、身体、腿部等肌肉动作的项目。对于幼儿来说，有一定的挑战性，也很有吸引力。软梯和荡绳活动都要求幼儿在保持身体平衡的情况下，让身体在一定的高度上摆动起来。通过攀爬和摆动，锻炼幼儿的攀爬能力和平衡能力，从而能更好地锻炼幼儿四肢的协调性和动作的灵活性，增强他们的体力，而且还能增强他们克服困难的勇气和信心。

一、游戏器械

软梯：利用自然环境中大树粗粗的枝干，用粗麻绳和木棍做成（见图1.6.1）。

荡绳：上端缠绕在大树横出的枝干上，一根绳子下端拴上一个造型轮胎做成荡绳（见图1.6.2）。

图 1.6.1

图 1.6.2

二、游戏玩法

（一）爬软梯

1. 幼儿双手抓住软梯的绳子，用腿和脚部的力量平衡身体，向上爬至顶部（见图 1.6.3 和图 1.6.4）。

2. 幼儿双腿用力蹬住软梯底部的一根木棍，使其荡起来（见图 1.6.5 和图 1.6.6）。

图 1.6.3　　　　　　图 1.6.4　　　　　　图 1.6.5　　　　　　图 1.6.6

（二）荡荡绳

1. 幼儿爬上荡绳，用脚踩住轮胎下部，骑坐在轮胎小马上，手抓牢绳子，另一幼儿给予助力使绳子荡起来（见图 1.6.7）。

2. 原地旋转，转到一定程度松开，自由回转（见图 1.6.8）。

图 1.6.7

图 1.6.8

三、注意事项

幼儿最好穿鞋底不易打滑的运动鞋。攀爬的时候注意保持身体平衡，四肢用力，重心靠下。玩荡绳的时候，摆幅不宜过大。

四、建议

1. 刚开始练习爬软梯时，教师可以踩住软梯下端，减小软梯的晃动幅度。
2. 可以利用大树横生的粗树干悬挂软梯荡绳，也可以焊接铁杆悬挂。

✎ 落实《指南》情况

《指南》在健康领域有"具有一定的适应能力"的目标要求，并在教育建议中指出"经常与幼儿玩拉手转圈、秋千、转椅等游戏活动，让幼儿适应轻微的摆动、颠簸、旋转，促进其平衡机能的发展"。趣味软梯是小朋友练习攀爬的工具之一，相对于木梯的坚挺，软梯摇摆不定，增加了难度。爬软梯对身体的灵活性、平衡性和协调性都有所锻炼，可以增强脚底肌肉以及踝关节和膝关节的小肌肉群功能，降低下肢受伤概率，提高身体运动的节奏性。荡绳类似于秋千，可以荡起来玩，也可以原地转圈玩。玩荡绳时，幼儿的骨骼肌会有节律地收缩与放松，有利于幼儿的肌肉健康；另外，对幼儿的心理也非常有益，它能使幼儿克服紧张心理和恐惧情绪，增强幼儿的心理承受力和自我控制能力。此外，在玩荡绳时，随着身体摇摆，腰部肌肉会有节奏地收缩、放松，不知不觉中就锻炼了腰部，增加了幼儿的腰腹部力量。幼儿玩软梯、荡绳，进一步促进了平衡机能的发展，契合了《指南》的要求。

1.7 爬 肋 木

✐ 设计意图及教育意义

攀爬是幼儿非常喜爱的一项运动。肋木高 3m 多,在攀爬时随着距离和高度的不断变化,幼儿会有不同的视觉和感觉体验,有助于培养幼儿的空间概念。同时,攀爬肋木还可以促进幼儿身体的全面发展,因为攀爬时需要调动全身的各个部位协调运作,需要手、脚、眼的综合配合。幼儿顺着肋木爬至顶端,甚至翻越而下,很好地促进了幼儿身体的协调性,锻炼了幼儿的勇敢品质。

图 1.7.1

一、游戏器械

高 3～4m 的肋木(见图 1.7.1)。

二、游戏玩法

1. 勇攀高峰:幼儿手握横杆从底部爬至肋木最高处(见图 1.7.2 和图 1.7.3)。

2. 翻越高峰:幼儿从一侧爬至肋木最高处后,在上面翻转身体,从另一侧下来(见图 1.7.4 和图 1.7.5)。

图 1.7.2

图 1.7.3

图 1.7.4 图 1.7.5

三、注意事项

在攀爬的过程中，提醒幼儿要抓好横杆，幼儿之间要间隔一定距离，避免相互妨碍。在爬至最顶端翻越时，注意提醒幼儿手要抓紧，脚要踩牢。

四、建议

为保证幼儿安全，肋木下方不应设置硬化地面，最好铺设沙子或塑胶地垫。

✎ 落实《指南》情况

肋木游戏适合中大班幼儿。《指南》在健康领域的动作发展目标中要求幼儿"具有一定的平衡能力，动作协调、灵敏，5~6岁幼儿能以手脚并用的方式安全地爬攀登架等"。肋木游戏需要幼儿手脚并用，一层一层地向上攀登，很好地促进了幼儿身体协调性的发展以及动作的灵活性和连贯性。随着攀爬高度的不断变化，幼儿会感受到"站得高看得远"，带给幼儿不同的视觉和感觉体验。

中班侧重于激发幼儿的攀爬兴趣，比一比谁能爬得更高，发展动作的协调性和灵敏性。大班侧重于攀爬的速度、动作的连贯性及顺利地翻越肋木，培养幼儿勇敢、坚强的品质，使幼儿在不断战胜自我的挑战中，达到《指南》的目标要求。

1.8　玩坦克履带

设计意图及教育意义

爬是幼儿与生俱来的一种运动方式。坦克履带游戏使幼儿爬的天性得以释放。因为向前爬时，幼儿要把头藏在履带中，因此无法看见前路，有时爬歪了，偏离了终点，促使他们利用感官确定前进的方向，无形中更增加了游戏的挑战性。打枪和吓唬人的游戏非常具有刺激性和趣味性，同伴从履带中突然出现的一瞬间，幼儿在吃惊之余哈哈大笑，愉悦了身心。同时，教师根据幼儿游戏的需要，设置了不同情境，让幼儿更有兴趣参与游戏，仿佛置身于童话中，发挥了此游戏最大的教育价值。

一、游戏器械

废旧纸箱进行适当装饰后做成坦克履带（见图1.8.1）。

图 1.8.1

二、游戏玩法

1. 将坦克履带平放在地上，幼儿钻进履带里，头顶履带前端，四肢交替向前爬行（见图1.8.2）。

2. 将坦克履带竖起来，幼儿钻进去，依旧是头顶履带前端，四肢交替向前爬行（见图1.8.3和图1.8.4）。

3. 开汽车。将坦克履带竖起后，幼儿站到里面，双手提起两侧的履带边缘，玩开汽车的游戏（见图1.8.5）。

4. 摇啊摇。将坦克履带平铺在地上，坐在中间，用手卷起两边，不停地左右摇摆，玩摇摇船的游戏（见图1.8.6）。

5. 小青蛙跳荷叶。将小坦克履带平放在地上，玩跳荷叶的游戏。可以跳上跳下，可以学习小青蛙有秩序地挨个跳过履带（见图1.8.7）。

6. 多名幼儿隐藏在大坦克履带里面，随时准备攻击或吓唬敌人（见图1.8.8和图1.8.9）。

图 1.8.2

图 1.8.3

图 1.8.4

图 1.8.5

图 1.8.6

图 1.8.7

7. 开坦克。多名幼儿站在大坦克履带里面，用双手撑着履带，像坦克车一样缓缓向前行进（见图 1.8.10）。

8. 开火车。每个幼儿拿好自己的小坦克履带，把履带竖起来，同时抓住前面小朋友的履带，一个个连接成一列小火车，向前开动（见图 1.8.11 和图 1.8.12）。

图 1.8.8	图 1.8.9
图 1.8.10	图 1.8.11
图 1.8.12	

三、注意事项

玩坦克履带游戏要在较为松软的塑胶地垫或沙地上进行，否则幼儿在爬行时容易硌伤膝盖。

四、建议

如果将场地做成高低起伏的地面，幼儿的游戏兴趣会更加浓厚。

✎ 落实《指南》情况

此游戏适合小中大班幼儿。《指南》在健康领域的动作发展目标中要求幼儿"动作协调、灵敏"，并在教育建议中鼓励幼儿进行跑跳、钻爬等活动，发展幼儿动作的协调性和灵活性。在玩坦克履带游戏时，幼儿需要掌握爬、弯腰跑、青蛙跳等基本的动作技巧。大坦克履带的出现，给游戏增添了不少趣味，大坦克履带游戏需要幼儿手脚并用，通力合作，手在上面托举，脚在下面掌握前进速度。大家需要速度一致，方向一致。在此过程中，既锻炼了幼儿身体的协调能力，又培养了幼儿的合作能力，达成了《指南》的目标要求。

在本游戏中，小班幼儿侧重能手脚并用，在看不到方向的情况下勇敢地向前爬行；而对于中班幼儿来说则侧重能以匍匐、膝盖悬空等方式爬行；大班幼儿则更注重游戏的合作能力，体验合作的乐趣。

1.9　大型攀爬器活动

设计意图及教育意义

　　幼儿的发展水平高低不同，为了让每个幼儿在游戏活动中都能获得相同的发展机会，我们制作了大型攀爬器。它是集难易不同的多种玩法于一身的综合性活动设施，这样就有利于不同能力的幼儿自由选择玩法，使不同能力的幼儿都能得到锻炼，如能力强、臂力好的幼儿会选择挑战爬绳，能力弱的幼儿会选择爬轮胎。

　　爬轮胎和网绳等难度较小，适合臂力小的幼儿。玩爬绳是难度最大的，要有较强的臂力和意志力，在爬的过程中不能半途而废。部分幼儿爬到一半的时候就没有力气了，这时候如果松手就会摔下来，往下滑也会磨得手疼。在这种两难的情况下，对幼儿的耐力和毅力是很大的考验，他们需要老师、同伴的鼓励，更需要坚持不懈的精神。这项活动培养了幼儿不抛弃、不放弃、坚持到底的良好意志品质。

一、游戏器械

　　木制攀爬器：以高 5m 左右、宽 2m 左右的长方形房子为主体，前面 3m 处向下为木制斜面，3m 往上开拱形门，斜面上分为 5 个区域，攀爬用的小抓手、轮胎、网绳、长绳、滑梯。

　　铁制攀滑器：高度 5m 左右，一侧为楼梯和滑梯，另一侧为网绳（见图 1.9.1）。

二、游戏玩法

　　1. 爬绳：幼儿两手用力抓住绳子，两脚蹬着墙壁向上爬（见图 1.9.2 和图 1.9.3），由于攀爬器坡度比较陡，这种玩法要求幼儿有较强的臂力，难度较大。

　　2. 爬网：绳子结成网状，幼儿手脚并用向上爬（见图 1.9.4）。绳子比较软，有一定难度。

　　3. 爬轮胎：将轮胎固定在木制墙壁上，爬起来比较容易，适合能力弱的幼儿（见图 1.9.5）。

　　4. 爬小抓手：造型各异的小抓手不规则地分布在墙上。幼儿爬的时候，可以自由选择攀爬的抓手（见图 1.9.6）。

　　5. 爬滑梯：滑梯是幼儿下来的通道，幼儿爬上去后，可以从滑梯上滑下（见图 1.9.7）。能力强的幼儿也可以借助两边的扶手尝试往上爬（见图 1.9.8）。

图 1.9.1

图 1.9.2

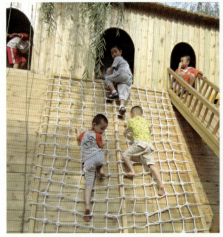

图 1.9.3

图 1.9.4

图 1.9.5

图 1.9.6

图 1.9.7   图 1.9.8

三、注意事项

1. 爬绳时为避免脚底打滑，要穿摩擦力较强的运动鞋。
2. 初次练习爬绳时可以穿长袖外套及长裤，以免滑下时摩擦皮肤。

四、建议

大型攀爬器可以建在沙池一角，或者下面铺上松软的地垫。

✎ 落实《指南》情况

《指南》在健康领域的动作发展目标中要求幼儿"动作协调、灵敏""具有一定的力量和耐力"，还要求"4～5岁幼儿可以用多种方式钻爬，5～6岁幼儿能以手脚并用的方式安全地爬攀登架、网等"，并在教育建议中鼓励幼儿进行跑跳、钻爬等活动。大型攀爬器集爬绳、爬小抓手、爬网、爬轮胎等于一体，在攀爬游戏中，幼儿必须双腿、双手协调用力，双手抓牢器械，双脚用力蹬，手臂和腿的力量形成合力才能成功向上攀爬。在此过程中既使幼儿身体及动作的协调性、力量和耐力等都得到了很大程度的锻炼，又因难度的不同而能照顾到不同发展水平的幼儿，很好地体现了《指南》的目标要求。

游戏时小班的幼儿侧重激发其攀爬兴趣，注重其手脚配合，锻炼其胆量，体验玩滑梯带来的身心愉悦；中大班的幼儿主要是锻炼耐力，发展上肢和腿部力量及身体的协调性、灵活性，体验活动带来的成功感、快乐感，增强自信心，锻炼勇敢、不怕困难、坚持到底的品质。

第二篇

平衡游戏

2.1　走铁索桥

设计意图及教育意义

幼儿的探索活动应从身边的事物开始。生活中有许多不起眼的事物，其中往往蕴含着丰富的教育价值。走铁索桥这个游戏看似简单，但却激发了幼儿一物多玩的创新意识，培养了幼儿的创新能力。在走铁索桥的过程中，不但培养了幼儿的平衡能力，也锻炼了幼儿的臂力。幼儿通过在铁索桥上探索各种玩法，掌握了走铁索桥的技巧，能够自主去摸索和总结。此外，在游戏过程中培养了幼儿不怕困难、勇往直前的精神。

图 2.1.1

一、游戏器械

户外铁索桥：离地高度分别为 1.4m 和 0.6m 的两根铁链系在两棵距离 6m 左右的大树上（见图 2.1.1）。

二、游戏玩法

1. 幼儿依次站在铁索桥一侧，横向从起点走向终点（见图 2.1.2 和图 2.1.3）。

2. 幼儿面对面依次从铁索桥起点走到终点（见图 2.1.4）。

3. 幼儿双手抓住上面的铁链，面朝对面的大树，双脚踩在下面的铁链上从起点走到终点（见图 2.1.5 和图 2.1.6）。

4. 幼儿背对铁链，双手抓住上面的铁链，脚踩着下面的铁链横着从起点走向终点（见图 2.1.7 和图 2.1.8）。

三、注意事项

游戏中，教师随时提醒幼儿手要紧握上面的铁链，脚蹬稳下面的铁链后再移动。

四、建议

教师在组织幼儿玩此游戏时，可以创设暴风雨来临的情境，手摇上面的铁索链，让幼儿在摇摆不定的铁索桥上加速前进。

图 2.1.2   图 2.1.3

图 2.1.4   图 2.1.5   图 2.1.6

图 2.1.7   图 2.1.8

✎ 落实《指南》情况

铁索桥游戏适合中大班幼儿。《指南》在健康领域的动作发展目标中要求幼儿"具有一定的平衡能力",其中,要求"4～5岁幼儿能在较窄的低矮物体上平稳地走一段距离""5～6岁幼儿能在斜坡、荡桥和有一定间隔的物体上较平稳地行走"。在铁索桥游戏中,幼儿双手抓握铁索,在绳索桥上横着走、直着走,探索出了多种玩法。铁索桥摇晃不定,幼儿在走铁索桥时还需要控制好手的抓握与身体的协调,才能平稳地、成功地走过铁索桥,因而对幼儿身体的协调性、灵活性和手臂力量等也起到了很好的锻炼作用。此游戏使幼儿在不断的探索中达到了《指南》的目标要求。

2.2 晃 板

✎ 设计意图及教育意义

晃板游戏取材方便，将圆木和长方形的木制积木自由组合起来就可以尽情地玩了，是典型的一物多用。

此游戏重点训练幼儿的平衡能力。当幼儿踩到长方形木板上时，由于圆木轮不住

图 2.2.1

地滚动，就带动上面的木板晃动，这就需要幼儿不断调节自己身体的姿势和重心，从而保持身体平衡（见图 2.2.1）。一个圆木轮的晃板难以驾驭，它的重心非常难找，一不留神就会摔倒，需高度集中注意力加上极强的平衡能力才能成功。如果想保持不掉下来，还需要两脚不断地控制着木板晃来晃去，随时找出支撑点。所以，此游戏对于参与者的注意力和平衡能力都是一个不小的挑战。

一、游戏器械

大型木制积木中的圆木、长方形木板若干。圆木直径在 10～15cm；木板长约 80cm，宽约 20cm，厚度约 5cm（见图 2.2.2）。

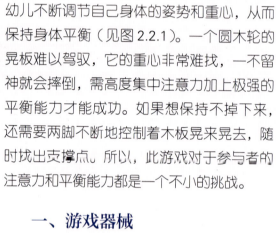

图 2.2.2

二、游戏玩法

（一）双轮晃板

把两个圆木摆在地上，上面放上木板后双脚站立上去不断晃动，可以在上面单脚站立晃动，或边转边在板上转一个圈，或小跳

一下，还可以在第一块大木板上再添加上几块小板子后站上去，动作同上（见图 2.2.3～图 2.2.5）。在熟练以后，幼儿自己发明的多种玩法均可尝试。

（二）单轮晃板

在双轮晃板的基础上，去掉一个轮变成单轮晃板，难度增加了许多，幼儿必须在

右晃动身体，并通过上肢的摆动来保持身体的平衡（见图 2.2.6 和图 2.2.7）。

图 2.2.3

图 2.2.4

图 2.2.5

图 2.2.6

图 2.2.7

三、注意事项

刚开始玩晃板时要注意安全，避免因重心不稳而摔倒。

四、建议

可让幼儿头顶沙包或双手分别举单球、双球，增加游戏难度，锻炼其平衡性。

✎ 落实《指南》情况

晃板游戏适合大班幼儿。《指南》在健康领域中要求幼儿"具有一定的平衡能力，动作协调、灵敏"。幼儿阶段是平衡能力和协调能力发展的重要时期，这些身体素质获得一定的发展，能促进幼儿神经系统和脑功能的完善，也是今后学习更多、更复杂动作技能的基础。晃板游戏本身对幼儿的平衡能力要求比较高，要求幼儿在游戏中注意力高度集中，不断调节自己身体的姿势和重心以保持身体平衡，在不断的游戏、探索中达到了《指南》的目标要求。

2.3 走 高 跷

✏ 设计意图及教育意义

走高跷是我国传统的民间体育游戏，也是幼儿非常喜欢的一项体育活动。幼儿在走高跷时，可以获得平衡能力和动作协调性的发展。在本活动中，我们设置了一些情境以增加难度，旨在让幼儿勇敢地迎接挑战，在不断克服困难的过程中体验成功的喜悦。这样既能提高幼儿参加体育活动的兴趣，又能在娱乐中开发幼儿的智力，使幼儿身心得到健康发展。障碍的设置体现了由易到难、循序渐进的过程，引导幼儿自由探索并熟悉高跷的多种玩法，锻炼了幼儿的腿部力量，提高了其身体动作的协调性与灵活性，发展了他们的创造力。

一、游戏器械

竹高跷：1.2m 左右的长竹竿，距底端大约 20cm 处嵌入短 PVC 管，底端包上薄轮胎皮，用铁丝固定，以防打滑（见图 2.3.1）。

木高跷：60cm 左右的长木条，底端削得尖一些，表面打磨光滑，用螺丝将木板嵌入，固定牢固；两根长 2m 左右的长布条，做绑腿用（见图 2.3.2）。

呼啦圈、轮胎、板凳（见图 2.3.3）。

二、游戏玩法

1. 平地走：幼儿踩着高跷在平地上自由地走（见图 2.3.4）。

图 2.3.1

图 2.3.2

2．蛇形走：幼儿踩着高跷围着呼啦圈蛇形走，或者是在画有蛇形线的场地上行走（见图2.3.5）。

图2.3.3

图2.3.4　　　　　　　　　　　　　　　　图2.3.5

3．顶沙包走：幼儿把沙包顶在头上，并且踩在高跷上往前走，在走的过程中要保持平衡，不让沙包掉下来（见图2.3.6）。

4．走木制高跷：在玩竹制高跷的基础上，我们加上了木制高跷。木制高跷需要幼儿要有很强的身体控制能力，踩上这种高跷，幼儿手上没有扶的东西，这就要求幼儿要有很好的平衡力（见图2.3.7）。

5．花样走：幼儿在能走高跷的基础上，练习绕过障碍物走（见图2.3.8和图2.3.9）。

三、注意事项

走木高跷时，需把高跷在腿上绑紧，否则容易摔跤。

图2.3.6

图 2.3.7

图 2.3.8

图 2.3.9

四、建议

走高跷用的场地要平整，但不能太滑，最好是在地垫上进行。

✏ 落实《指南》情况

走高跷游戏适合大班幼儿。《指南》在健康领域中要求幼儿"具有一定的平衡能力，动作协调、灵敏"，建议"玩跳房子、踢毽子、蒙眼走路、踩小高跷等游戏活动"；在社会领域中建议"利用民间游戏、传统节日等，适当向幼儿介绍我国主要民族和世界其他国家和民族的文化，帮助幼儿感知文化的多样性和差异性"。走木高跷游戏比走竹高跷游戏难度大，幼儿双脚踩木高跷，但手上没有可扶、可抓的东西，这对幼儿身体的协调性和灵活性、平衡能力要求更高。木高跷绑在幼儿腿上，一定要绑紧，这样不容易松动，幼儿走的时候也会轻松和安全。幼儿在循序渐进的过程中，体验了踩木高跷的乐趣，发展了身体的平衡能力和协调能力以及勇敢、坚强、不怕困难的优秀品质。幼儿一边走木高跷，一边扇扇子，感受我国民间传统文化和习俗，契合了《指南》中的目标要求。

2.4 高低杠运动

✎ 设计意图及教育意义

高低杠不仅用来翻、吊、撑，还可以用来进行创造性游戏。在高低杠上倒挂金钟，锻炼了幼儿的臂力和腿部力量；站到高高的杠上并平稳向前走，对幼儿的平衡能力和胆量是很大的考验，培养了幼儿勇敢的品质。从杠上一跃而下，对幼儿的跳跃能力和自我保护能力也是很好的锻炼。

一、游戏器械

双杠、海绵垫、小桶、小球（见图2.4.1）。

图2.4.1

二、游戏玩法

1. 划船游戏：幼儿双腿分别搭在双杠上，双手用力抓紧双杠，身体前倾，慢慢向前平移（见图2.4.2）。

2. 倒挂金钟：幼儿双手握住一根双杠，两腿搭在另一根上，呈倒挂姿势，慢慢平移（见图2.4.3）。

3. 我是小飞机：幼儿双脚分别踩在双杠上，张开双臂掌握平衡，如一架小飞机向前慢慢平移（见图2.4.4）。

4. 运球过桥：幼儿在平行走的基础上，双手分别拿一个装满小球的小桶，身体保持平稳，保证小球不从桶内掉出，慢慢将小球运过"小桥"（见图2.4.5）。

三、注意事项

练习时教师要随时注意保持高低杠的稳定性。

四、建议

游戏可在松软的沙池及草坪上进行。

图 2.4.2

图 2.4.3

图 2.4.4

图 2.4.5

✏️ 落实《指南》情况

　　《指南》在健康领域的动作发展目标中要求幼儿"动作协调、灵敏""具有一定的力量和耐力"，并要求 3~4 岁、4~5 岁、5~6 岁幼儿双手抓杠悬空吊起时间分别是 10 秒、15 秒、20 秒左右，高低杠游戏很好地锻炼了幼儿这方面的能力。不论是"倒挂金钟"式的抓杠倒悬，还是"小飞机"式的杠上行走，在锻炼力量和耐力的同时，还要求幼儿对自身动作和重心有很好的控制，所以，也锻炼了动作的协调性和灵敏性。《指南》还在社会领域中建议"鼓励幼儿尝试有一定难度的任务，并注意调整难度，让他感受经过努力获得的成就感"。当幼儿战胜恐惧，站到杠上平稳地走到终点并一跃而下后，他的自信心会大大提升。所以高低杠活动不仅锻炼了幼儿的身体，也增强了幼儿挑战自我、战胜自我的信心，达成了《指南》中的目标要求。

2.5　滑　滑　板

✎ 设计意图及教育意义

滑滑板是一项很好的运动，可以锻炼平衡能力，促进小脑发育，帮助幼儿辨认方向，有助于培养其勇敢、坚强及其他宝贵品质。学习滑滑板让幼儿学到相关自我保护常识和应急措施，锻炼了幼儿眼、耳、手、脚协同处理问题的能力。同时在两人玩和三人玩滑板的过程中，锻炼了幼儿的分工合作能力。

一、游戏器械

多种类型、型号的滑板若干，约 6m 的长绳一根，轮胎五个，用 PVC 管做成的"山洞"两个（见图 2.5.1～图 2.5.3）。

图 2.5.1

图 2.5.2

图 2.5.3

二、游戏玩法

（一）单人滑滑板

1. 划小船：幼儿俯卧在滑板上，两腿伸直，双手在滑板两侧撑地向前滑行（见图2.5.4）。

2. 青蛙跳：幼儿双手扶在滑板前端，一腿跪在滑板上，用另一条腿在后面不停蹬地前行（见图2.5.5）。

3. 小蚂蚁：幼儿坐在滑板前端，双手扶住滑板两侧，两脚交替撑地前行（见图2.5.6）。

4. 转陀螺：幼儿俯卧在滑板上，两腿伸直，两手在滑板前方交替撑地原地转圈（见图2.5.7）。

图2.5.4　　　　　　　　　　　　图2.5.5

图2.5.6　　　　　　　　　　　　图2.5.7

5. 众人拽绳滑：幼儿双腿盘坐在滑板上，一字排开，双手交替拽大绳，使滑板向前滑行（见图2.5.8）。

6. 障碍滑行：在场地上布置障碍物，幼儿排成一队，依次障碍滑行，如S形绕轮胎、钻山洞等（见图2.5.9和图2.5.10）。

（二）双人滑滑板

1. 推小车：一幼儿盘腿坐在滑板上，双手可扶在滑板前端；另一幼儿在滑板后方，双手推动滑板前行（见图2.5.11）。

2. 倒小车：一幼儿盘腿坐在滑板前端；另一幼儿在滑板后端与之相背而坐，用两脚交替蹬地使滑板倒行（见图2.5.12）。

3. 螃蟹爬：两幼儿背靠背坐在滑板上，前面的幼儿两脚撑地前行，后面的幼儿两脚蹬地倒行，形似螃蟹爬（见图2.15.13）。

图2.5.8

图2.5.9

图2.5.10

图2.5.11

图2.5.12

图2.5.13

图 2.5.14

图 2.5.15

图 2.5.16

4. 毛毛虫：两幼儿一起面向前方坐在滑板上，同时用脚撑地前行（见图 2.5.14）。

（三）三人开飞船

一幼儿盘腿坐在滑板上，另两名幼儿在其两侧，分别拉住他的一只手，向前跑动（见图 2.5.15 和图 2.5.16）。

三、注意事项

玩滑板前，教师应该先调整滑板的轮子，使其能滑动自如；在滑动过程中要注意掌握动作要领，特别是划小船和转陀螺时，幼儿要头部和腿部高高抬起，尽量蜷缩身体。两人合作滑滑板时，要注意用力的方向。同时，幼儿在滑动的过程中，应该要保持一定的距离，以免发生碰撞。

四、建议

场地应选在无障碍、平滑、宽阔的地方。

✎ 落实《指南》情况

滑板游戏适合中大班幼儿。《指南》在健康领域的动作发展目标中要求幼儿"具有一定的平衡能力，动作协调、灵敏"，在社会领域中建议"幼儿园应多为幼儿提供需要大家齐心协力才能完成的活动，让幼儿在具体活动中体会合作的重要性，学习分工合作"。滑板游戏中不论是手滑、脚滑还是多人合作前进、后退，都需要幼儿用一定的力量，还要控制住滑板的速度和方向，特别是滑板的运动速度相对较快，控制的过程更锻炼了幼儿动作的协调性和灵敏性；在两名或三名幼儿合作游戏时，他们需要动作协调一致，才能运动自如，很大程度上锻炼了幼儿间的合作意识和能力。《指南》中还要求"4～5 岁幼儿运动时能主动躲避危险，5～6 岁幼儿运动时能注意安全，不给他人造成危险"。滑板游戏更是在快速运动中锻炼了幼儿的安全意识和自我保护能力。整个游戏过程对幼儿身体的协调性、灵活性、耐力及幼儿间的合作交流起到了很好的锻炼作用，达成了《指南》的目标要求。

2.6 呼啦圈运动

设计意图及教育意义

呼啦圈运动是一项塑形瘦身的有氧运动，它器材简单，基本不受场地、天气等外部因素的影响，室内、户外随时都可以进行运动。腰、腿、胳膊等身体部位都可以转动呼啦圈，既可以锻炼腰腿部位的力量，同时还能锻炼身体的平衡性、灵活性、协调性；跳圈和跳荷叶等运动则可以锻炼幼儿的跳跃能力。

图2.6.1

一、游戏器械

呼啦圈若干（体育用品店有售）（见图2.6.1）。

二、游戏玩法

1. 幼儿将呼啦圈放在腰间，前后左右摆动身体，使身体做画圈运动，让呼啦圈随着节奏慢慢转动起来（见图2.6.2）。

2. 变换姿势，幼儿双手头上合掌转呼啦圈（见图2.6.3）。

3. 幼儿两人一组站在原地分别向左、向右转呼啦圈（见图2.6.4）。

4. 在腿上转呼啦圈。幼儿将呼啦圈放在膝关节处，双腿向前、向后用力做画圈运动，使呼啦圈能在腿部转动起来（见图2.6.5）。

5. 跪立转呼啦圈。幼儿双膝跪在地上，摆动身体转呼啦圈（见图2.6.6）。

6. 像跳绳一样跳呼啦圈。幼儿双手握住呼啦圈，双脚跳过让呼啦圈从身后穿过自己的身体（见图2.6.7）。

7. 两个小朋友滚动呼啦圈互换。幼儿将呼啦圈放置在地上，双手向前推动呼啦圈，和自己的小伙伴交换呼啦圈（见图2.6.8）。

8. 一人腰上转多个呼啦圈（见图2.6.9和图2.6.10）。

9. 幼儿将呼啦圈摆成一排，进行跳远比赛（见图2.6.11和图2.6.12）。

10. 边走边转，行进中转呼啦圈（见图2.6.13）。

11. 圈转人也转，边自转边转圈，同时不让圈掉下来（见图2.6.14和图2.6.15）。

图 2.6.2

图 2.6.3

图 2.6.4

图 2.6.5

图 2.6.6

图 2.6.7

图 2.6.8

图 2.6.9

图 2.6.10

图 2.6.11

图 2.6.12

图 2.6.13

图 2.6.14

图 2.6.15

12. 蹲转，由腰上转到屈膝下蹲，再到起立，整个过程连贯不停（见图 2.6.16）。

13. 跳转，双脚跳或单脚跳着转呼啦圈（见图 2.6.17 和图 2.6.18）。

14. 胳膊上转单圈，包括单胳膊转、双胳膊转、两胳膊交换转等（见图 2.6.19 和图 2.6.20）。

15. 双胳膊转双圈，还可以提升到双胳膊转四圈（视幼儿能力水平而定）（见

图 2.6.21 和图 2.6.22）。

16. 跑跳转圈，圈在脚上，边跑边转（见图 2.6.23 和图 2.6.24）。

17. 跑跳转多圈，一个圈在脚上，另一个圈在腰上或者在胳膊上，边跑边转（见图 2.6.25～图 2.6.27）。

18. 特殊部位转圈，包括脖子上转圈、肩背上转圈、指头上转圈等，根据幼儿的兴趣和能力而定（见图 2.6.28～图 2.6.30）。

19. 玩圈，包括钻圈、抛接圈、抢圈等（见图 2.6.31）。

图 2.6.16

图 2.6.17

图 2.6.18

图 2.6.19

图 2.6.20

图 2.6.21

图 2.6.22	图 2.6.23
图 2.6.24	图 2.6.25
图 2.6.26	图 2.6.27

图 2.6.28

图 2.6.29 图 2.6.30

钻圈

抛接圈

抢圈

连环套圈开火车

小青蛙跳荷叶

（圈外单脚跳，双脚同时落两圈内）

青蛙找虫：一人跳圈绕另一人转

图 2.6.31

三、注意事项

1. 运动时间不宜太长，以免损伤幼儿的身体。
2. 幼儿转的呼拉圈不可太重，尺寸不要过大，以适合幼儿为宜。

四、建议

1. 呼啦圈玩法多样，可根据幼儿的实际能力和身体发展水平，有选择性地开展游戏。
2. 为保持幼儿对呼啦圈的兴趣，可增加竞赛内容，如比一比在一分钟内谁转的多；小青蛙跳荷叶游戏可以分组比赛，增加游戏的趣味性；也可变换游戏玩法，如套圈开火车可以站着走，也可以蹲着走，锻炼幼儿的合作能力。

✎ 落实《指南》情况

《指南》在健康领域中的动作发展目标中要求幼儿"具有一定的平衡能力，动作协调、灵敏"，同时，在教育建议中要求"利用多种活动发展身体平衡和协调能力"。呼啦圈运动是一种传统的、普及性的运动项目。它以不受场地、特殊器械的限制受到大家的喜爱。以它的玩法多样性而受到幼儿的追捧。

首先，幼儿在扭动身体转动呼啦圈的过程中，锻炼了各部位的力量以及整个身体的协调、配合；其次，不同部位的转动，如脖子、腰、腿、胳膊等，使幼儿全身得到了锻炼；再次，不同部位转动呼啦圈进行转换，如从腰上到腿上，从一个胳膊到另一个胳膊等，更需要全身协调；最后，转动时的附加动作也有目的性地锻炼了幼儿动作的灵敏性，如在腰上转时，可快速转身、边走边转、下蹲起立、单双脚跳转等。

《指南》中还指出"尊重幼儿发展的个体差异""支持和引导他们从原有水平向更高水平发展"。呼啦圈运动是个体单项运动，幼儿完全可以根据自身的特点及水平进行，有的幼儿能不断突破，创造出很多种玩法，不断增加难度，而最基本的玩法也有十几种，完全能够让幼儿在不断变化的游戏中锻炼身体。

另外，呼啦圈运动也具备所有运动项目都有的对幼儿意志品质的锻炼和自信心的提升作用。幼儿从不会转到会转，从会一两种转法到会十几、二十几种，体现了《指南》中提倡的"支持和引导他们从原有水平向更高水平发展"的理念，每一点进步都是幼儿实实在在努力锻炼的结果，每一个进步都符合幼儿自身的发展，每一个进步都让他们欣喜，让他们提升自信心。

2.7 爬 / 走小木山

设计意图及教育意义

爬或走小木山游戏的目的是训练幼儿的平衡能力和胆量。由于小木山中间比较高，踩上去时容易令人产生无助感，幼儿需要克服自己的胆怯，并努力保持身体平衡才能平稳走过，所以小木山是训练幼儿平衡能力和胆量的"利器"。

一、游戏器械

用高度为 10～50cm 的原木紧密排列，做成木头小山（见图 2.7.1）。

二、游戏玩法

1. 爬过小山。幼儿四肢趴在原木上，爬过"小山"（见图 2.7.2 和图 2.7.3）。

图 2.7.1

图 2.7.2

图 2.7.3

2. 待幼儿熟练地爬过"小山"后，尝试走过木头小山（见图 2.7.4 和图 2.7.5）。

图 2.7.4

图 2.7.5

三、注意事项

在爬或走木头小山时，教师要给幼儿鼓励，使其有自信心，同时教师要注意做好保护工作，防止幼儿因失去平衡或踩空而发生危险。

四、建议

小木山两侧铺上垫子，让幼儿走上小木山后再跳下来，练习跳跃（幼儿可以选择适合自己高度的木头）。

✎ 落实《指南》情况

此游戏适合大班幼儿。《指南》中对5～6岁幼儿的动作发展要求是"能在斜坡、荡桥和有一定间隔的物体上较平稳地行走""能以手脚并用的方式安全地爬攀登架、网等"。同时建议"利用多种活动发展身体平衡和协调能力，如走平衡木，或沿着地面直线、田埂行走"。小木山因地制宜设置器械，为幼儿提供了设施，对幼儿发起挑战，可促进幼儿平衡和协调能力的发展。同时，幼儿需要克服胆怯心理，才能平稳通过，在活动过程中锻炼了幼儿的胆量和毅力。

2.8　走　平　衡　路

设计意图及教育意义

　　轮胎路、平衡树、木桩路、平衡木等，都是锻炼幼儿平衡能力的好器材，能够促进幼儿大脑、小脑的发育和四肢的协调。幼儿的年龄特点就是喜欢"不走寻常路"，看到哪里新奇好玩、有特色就喜欢去尝试。以上几种游戏，利用了日常生活中常见的材料，经过巧妙设置之后呈现给幼儿，幼儿在无形之中就会被吸引，忍不住去走一走、骑一骑、跳一跳。

2.8.1　平衡树

一、游戏器械

　　横放的树干（长约 3.6m、直径约 20cm）。

二、游戏玩法

　　横放在地上的树干，成了幼儿游戏的好材料。他们可以在上面行走，还可以玩骑大马的游戏（见图 2.8.1～图 2.8.3）。

图 2.8.1

图 2.8.2

图 2.8.3

三、注意事项

幼儿在走平衡树之前，教师一定要做好提示，提醒幼儿前后之间要保持距离，不要发生推挤现象。骑大马时教育幼儿要轻轻用力。

四、建议

本游戏器材便于选取，在使用之前要把平衡树打磨光滑。投放时，选择放在绿茵茵的草地周围，富有童趣，幼儿更感兴趣。

2.8.2　木桩路

一、游戏器械

宽 10～30cm、直径 12cm 左右、高低不一的木桩。

二、游戏玩法

高低不一的木桩为幼儿在上面行走增加了难度，只有小心翼翼地走过，才不会从上面掉下来，既刺激又好玩（见图 2.8.4～图 2.8.6）。

图 2.8.4

图 2.8.5

三、注意事项

幼儿在走木桩路之前，教师讲解注意事项，提示幼儿在木桩上脚踩稳，慢慢走，不推也不挤。

四、建议

本器械投放的地点周围最好是松软的草坪或是地垫，以保证幼儿活动时的安全。

图 2.8.6

2.8.3   平衡木

一、游戏器械

用长约 4m、宽约 17cm、高约 20cm 的木板制作而成。

二、游戏玩法

幼儿双手打开走在又细又直的平衡木上面，多了几分小心和控制（见图 2.8.7 和图 2.8.8）。

图 2.8.7

图 2.8.8

三、注意事项

活动前，教师提醒幼儿走平衡木时要注意：手打开平伸，以保持身体平衡；低头看脚下，注意安全。

四、建议

本器械放置的高度要适合幼儿活动。

2.8.4   轮胎路

一、游戏器械

在废旧轮胎上涂上光亮的环保油漆，晾干后有规则地将轮胎的一半埋入地下即可。

二、游戏玩法

幼儿既可以走轮胎路练习平衡力（见图 2.8.9），也可以在上面骑大马前进（见图 2.8.10）。

图 2.8.9　　　　　　　　　　　　　　　　图 2.8.10

三、注意事项

幼儿在走轮胎路之前，教师一定要讲解好玩法，提醒幼儿一个跟一个慢慢走，注意保护好自己。

四、建议

本器械制作简便，投放时有多种选择，既可放在沙池周围作为沙池的装饰框，也可放在大树底下作为幼儿玩耍的游戏场所。

✎ 落实《指南》情况

走平衡路游戏适合小中大班幼儿。《指南》在健康领域的动作发展目标中要求幼儿"具有一定的平衡能力，动作协调、灵敏"，其中要求"3～4岁幼儿能沿地面直线或在较窄的低矮物体上走一段距离""4～5岁幼儿能在较窄的低矮物体上平稳地走一段距离""5～6岁幼儿能在斜坡、荡桥和有一定间隔的物体上较平稳地行走"。《指南》在社会领域中建议幼儿园多为幼儿提供自由交往和游戏的机会，鼓励他们自主选择、自由结伴开展活动。通过走、爬轮胎路、平衡树、木桩路、平衡木等，可锻炼幼儿的平衡能力，同时，它们不同的呈现形式又给了幼儿自主选择的机会。幼儿在游戏的过程中，还可以自主选择、讨论游戏玩法，如坐一坐、骑大马、"开火车"、玩战争游戏等，尊重了幼儿自主游戏的权利，促进了幼儿与同伴交往的能力。

2.9 走平衡桥

✎ 设计意图及教育意义

为了发展幼儿的平衡能力，我园特地制作了一系列的平衡桥。此游戏重点发展幼儿的平衡能力，由于游戏需在手臂的支撑下，双脚交替前进，因此也发展了幼儿的身体协调能力。同时，游戏也培养了幼儿的胆量、初步的合作意识、自我挑战能力以及勇于克服困难的精神。

2.9.1 木浮桥

一、游戏器械

长约 2m、宽约 57cm、高约 89cm 的浮桥（在体育器械专营店能购买到）（见图 2.9.1）。

二、游戏玩法

双手握住两边横杆，双脚交替在不断晃动的木浮桥上通过或站在木浮桥上荡秋千（见图 2.9.2 和图 2.9.3）。

图 2.9.1

图 2.9.2

图 2.9.3

三、注意事项

活动前，教师需告知幼儿走木浮桥时要保持身体平衡，多人一起玩时要保持好前后距离，步调一致，以保证安全。

四、建议

为了保证幼儿在游戏中的安全，木浮桥建议安装在塑胶地垫上。

2.9.2 浮桩

一、游戏器械

将平行于地面的长约 3.8m 的两根木条和深埋于地下的高约 2m 的四根木条固定在一起，两头再用宽约 1.2m 的木条把它们连接在一起。然后在约 3.8m 长的木条上方均匀地串上绳子和木桩即可（见图 2.9.4）。

二、游戏玩法

幼儿双手抓住两边绳索，双脚交替在晃晃悠悠的悬浮木桩上通过，或坐在悬浮木桩上前后左右来回晃动（见图 2.9.5 和图 2.9.6）。

三、注意事项

教师提醒幼儿走浮桩时要慢慢走，手抓紧绳索，站稳后再向前迈脚，以保证安全。

四、建议

器材的安装要选择在土地或沙地上，每个浮桩的距离要适合幼儿步子的大小，绳子也要选择稍微粗壮一些的。

图 2.9.4

图 2.9.5

图 2.9.6

2.9.3 铁索浮桥

一、游戏器械

将长约 1.3m、高约 95cm 的铁管和宽约 50cm 的平行铁板用铁链连接在一起。最后外面刷上颜色鲜艳的环保油漆，晾干后就可以投入使用了（见图 2.9.7）。

二、游戏玩法

双手扶住两边横杆，双脚交替向前走，在晃动不止的悬浮铁板上通过（见图 2.9.8）。

图 2.9.7

图 2.9.8

三、注意事项

教师需提醒幼儿走铁索浮桥时要注意脚下，多人一起玩时要保持好前后距离，不推也不挤，以保证安全。

四、建议

器械的安放：有条件的可以安置在大树下，既可以享受夏日的清凉，又富有童趣。

落实《指南》情况

《指南》在健康领域的动作发展目标中要求幼儿"具有一定的平衡能力，动作协调、灵敏"，并在教育建议中提出"利用多种活动发展身体平衡和协调能力，如走平衡木，或沿地面直线、田埂行走等"。走浮桩、走木浮桥、走铁索浮桥的游戏，恰恰达成了这一活动目标。活动过程中，幼儿手握两边扶手，眼睛需随时观察脚下的情况，还要注意身边同伴的动作，既锻炼了幼儿手眼协调、集中注意力做一件事的能力，又培养了幼儿与同伴一起玩游戏的协作意识和规则意识。

此游戏适合小中大班幼儿。小班幼儿练习胆量，锻炼身体协调能力，符合《指南》中"能沿地面直线或在较窄的低矮物体上走一段距离"的动作发展要求；中班幼儿练习平稳地在高于地面的物体上走，发展身体平衡能力，符合《指南》中"能在较窄的低矮物体上平稳地走一段距离"的动作发展要求；大班幼儿喜欢挑战自我，能够在游戏过程中连续完成木浮桥、浮桩、铁索浮桥，并能与同伴配合游戏，使幼儿既锻炼了勇敢的品质，又培养了协作意识，体验到游戏带来的无限快乐，符合《指南》中"能在斜坡、荡桥和有一定间隔的物体上较平稳地行走"的动作发展要求。

2.10 玩跷跷板

设计意图及教育意义

设计跷跷板的初衷是为了更好地发展幼儿的身体平衡性，然后慢慢地把跷跷板和游戏相结合，由此可培养幼儿的合作能力，还可以增强幼儿的体力和竞争意识。例如，滚轮胎走长跷跷板可以锻炼幼儿的胆量，增强幼儿手臂的力量。

在小跷跷板上走，可以锻炼幼儿的平衡能力。走得熟练以后，还可以站在上面拍球，锻炼运动技巧，是一项非常好玩、有难度又有挑战性的活动。

2.10.1 木跷跷板

一、游戏器械

用铁架把长约3.2m、宽约15cm、高约15cm的木段支撑起，木桩两端各固定一块打磨光滑的木板，便于幼儿骑坐，在跷跷板的两端地下分别埋好一个轮胎（见图2.10.1）。

二、游戏玩法

圆木制作的长跷跷板是幼儿非常喜欢的玩具。两个幼儿分别坐在跷跷板的一端，看谁能把另一方翘起来，看谁能把另一方翘得高。力气大、身体重的幼儿往往会占优势，体重、力量相当的，胜负则难见分晓，但他们依然玩得不亦乐乎。

图2.10.1

三、注意事项

玩木跷跷板时，坐在两端的幼儿要做好配合协作，才能使跷跷板一上一下翘动起来。

四、建议

器材的投放地点最好选择松软的土地。

2.10.2　长跷跷板

一、游戏器械

用铁架把长约 85cm、宽约 30cm、高约 3cm 的木板支撑起固定好即可（见图 2.10.2）。

二、游戏玩法

在长跷跷板上不但可以自由走，还可以滚着轮胎走。滚着轮胎走长跷跷板有一个窍门：开始要把轮胎和长跷跷板对齐，然后，用力把轮胎推上去，保持平衡，小心地走过去（见图 2.10.3 和图 2.10.4）。

图 2.10.2

图 2.10.3

图 2.10.4

三、注意事项

利用长跷跷板滚轮胎时，要保证轮胎始终在长跷跷板上面走才算顺利完成。

四、建议

器材的投放地点选择平坦的地面即可。

2.10.3 小跷跷板

一、游戏器械

用长约 40cm、宽约 30cm、高约 13cm 的木板制作而成（见图 2.10.5）。

二、游戏玩法

把小跷跷板摆成一长排，幼儿排好队，依次走过跷跷板摆的小桥，要注意不要掉下去（见图 2.10.6 和图 2.10.7）。

幼儿还学会了站在摇摇晃晃的小跷跷板上拍球。下面是小朋友们参加利津县首届少儿春晚演出时的精彩掠影（见图 2.10.8 和图 2.10.9）。

三、注意事项

在小跷跷板上走路或者拍球时，要保证身体和跷跷板的摇摆一致。

四、建议

玩本游戏时，活动场地要选择塑胶地垫。

图 2.10.5

图 2.10.6

图 2.10.7

图 2.10.8

图 2.10.9

✏ 落实《指南》情况

《指南》在健康领域的动作发展目标中要求幼儿"具有一定的平衡能力，动作协调、灵敏"，在社会领域中提出"幼儿园应多为幼儿提供需要大家齐心协力才能完成的活动，让幼儿在具体活动中体会合作的重要性，学习分工合作。玩跷跷板和在跷跷板上走、滚轮胎、拍球等，发展了幼儿的合作意识，锻炼了幼儿的平衡能力和动作的协调性、灵敏性。

木跷跷板游戏侧重于针对小班幼儿，坐在两端的幼儿通过配合、协作，使跷跷板一上一下翘动起来，发展了幼儿的身体平衡性和合作意识。

长跷跷板和小跷跷板游戏适合中大班幼儿。滚轮胎走长跷跷板和在小跷跷板上走及拍球，对幼儿的身体平衡性和协调性以及幼儿的体能都是极大的挑战，幼儿在不断挑战自我的过程中，收获了游戏的乐趣和成功的喜悦，达到了《指南》的目标要求。

2.11　翻单杠、双杠

✎ 设计意图及教育意义

　　翻单杠时，需要双手抓紧单杠，支撑起上身，用腹部紧贴单杠，做周身旋转；翻双杠则需要用双腿勾住杠子做周身旋转。该项运动可以很好地锻炼幼儿的上肢力量、腹肌、腿部力量和平衡感，不但能有效培养幼儿勇敢、顽强的精神和克服困难的勇气，同时，还可培养幼儿的安全意识。

一、游戏器械

　　单杠（见图 2.11.1）、双杠（见图 2.11.2）。

图 2.11.1

图 2.11.2

二、游戏玩法

（一）翻单杠

　　幼儿双手抓住单杠，支撑起上身，腹部紧贴单杠，头朝下周身旋转一圈后落下（见图 2.11.3）。

（二）翻双杠

　　幼儿双手握住双杠，两腿抬起，双脚勾住双杠，用力使身体旋转一圈后落下（见图 2.11.4）。

三、注意事项

　　活动前必须进行热身运动，绕杠时应注意安全，有成人在旁边保护。

图 2.11.3

四、建议

为保证幼儿安全，单杠、双杠下应放置厚厚的体操垫。对于身材较矮的幼儿，可在单杠下放上轮胎，幼儿踩在上面即可翻过。

图 2.11.4

✎ 落实《指南》情况

　　单、双杠游戏适合中大班幼儿。《指南》在健康领域中从身体素质的角度提出了幼儿应"具有一定的力量和耐力"，5～6岁幼儿在力量和耐力上的发展状况，可以通过双手抓杠悬空吊起一段时间来体现。单、双杠游戏中，幼儿双手抓杠将自己的身体撑起，腹部绕杠，发展了幼儿的大肌肉力量、耐力及平衡性。幼儿翻双杠时，双臂的力量将整个身体撑起，同时双脚蹬地，腹部肌肉用力，将身体收紧并顺势翻转一圈，双脚落地，这对平衡能力也是一种挑战。当幼儿身体翻转一周时要克服地心引力，会有点头晕，经过一段时间的游戏，幼儿平衡力会提高，渐渐就不会头晕了，幼儿有了成功的体验，增强了自信心。

2.12 滚 轮 子

✎ 设计意图及教育意义

中大班的幼儿探索意识增强，喜欢挑战。带轴承的车轮子、线缆磙子、大滚筒等也能成为幼儿游戏、挑战的对象。在游戏中，幼儿用手推着轮子往前走、跑等，运用手腕和手臂的力量来控制轮子的方向、滚动速度和前进、停止，在轮子滚动的过程中，不仅要保持一定的速度，还要掌握好方向，可以锻炼幼儿手眼协调的能力和身体的协调性。幼儿坐在或站在大磙子上，用手或用脚蹬踏控制轮子滚动的速度，锻炼了手臂力量和身体平衡能力，对于肢体的协调是一种很好的锻炼。大滚筒的加入，使游戏又增加了难度。此游戏新鲜、刺激又好玩，深受大班幼儿的喜爱。

一、游戏器械

车轮子；网通、电信的线缆磙子；清洗消毒后的大滚筒，直径 90cm 左右；废旧轮胎连接成的磙子；大塑料桶；宽阔的塑胶场地。

二、游戏玩法

1. 两个小朋友推轮子前行，直线向前跑，这样才能跑得快（见图 2.12.1）。
2. 单人坐在轮子上前进，身体保持平衡，脚交替踏地前行（见图 2.12.2）。

图 2.12.1

图 2.12.2

3. 两个小朋友坐在轮子上向前走,踏地的速度要相同,否则轮子会原地转圈(见图 2.12.3)。

4. 一人一个大磙子,随音乐推着大磙子前行,可以练习沿直线滚大磙子,也可以两个小朋友比赛谁滚得快(见图 2.12.4)。

5. 幼儿站在大磙子上向前走,两脚交替蹬踏,大磙子就向前滚去(见图 2.12.5)。

6. 幼儿坐在大磙子上向前走,两手同时抓住大磙子边缘,向前或向后用力,大磙子就向前或向后滚动了(见图 2.12.6)。

7. 两个小朋友一起站在大磙子上向前走,需要两个小朋友互相配合(见图 2.12.7)。

8. 每人一个滚筒,站在上面向前走,熟练以后,速度可加快(见图 2.12.8)。

9. 每人一个滚筒,玩熟练以后,就可以合作玩了。两个小朋友站在同一个滚筒上,步调一致向前走,好玩又刺激(见图 2.12.9)。

10. 一名幼儿站在轮胎磙子上,两脚交替蹬踏,磙子就向前滚去(见图 2.12.10)。

11. 幼儿站在超级大的塑料桶上,在滚动中前行(见图 2.12.11)。

图 2.12.3

图 2.12.4

图 2.12.5

图 2.12.6

图 2.12.7

图 2.12.8

图 2.12.9

图 2.12.10

三、注意事项

　　在两个小朋友一起玩的时候，步调、速度要保持一致，这需要幼儿在玩的过程中仔细摸索规律。

图 2.12.11

四、建议

场地选择平整的地方。

✏ 落实《指南》情况

滚轮子游戏适合中大班幼儿。《指南》在健康领域的动作发展目标中要求幼儿"具有一定的平衡能力，动作协调、灵敏"，滚轮子游戏对幼儿的平衡能力提出了极高的要求，幼儿必须保持高度的注意力，协调全身的力量保持平衡。

《指南》还在社会领域中建议"幼儿园应多为幼儿提供需要大家齐心协力才能完成的活动，体会合作的重要性"。在双人玩滚筒、滚轮子等活动中，两个幼儿要在多次配合练习的基础上，保持步调、速度一致，所以在很大程度上锻炼了幼儿的合作能力。

2.13 抬 花 轿

✏ 设计意图及教育意义

自制大花轿，重现经典故事《老鼠娶亲》中的有趣场景。抬花轿游戏需要幼儿步调一致，齐心协力、相互协作才能将轿子抬起并平稳地向前进。此游戏不仅提高了幼儿的合作意识，锻炼了幼儿的上肢力量，而且还培养了他们热爱民族传统文化的情感。

一、游戏器械

高约 1.5m 的大花轿、鞭炮、小鼓、铜锣、喇叭、绸子、老鼠头饰若干（见图 2.13.1）。

二、游戏玩法

一部分幼儿手持鞭炮、铜锣、小鼓、喇叭、绸子等道具扮演娶亲者，前后各四名幼儿，分别于前后抬着花轿（见图 2.13.2），轿子中一名幼儿扮演新娘。新娘被花轿抬到新郎家，响亮的锣鼓声中，两挂鞭炮开道，喇叭手激情地吹奏着欢快的乐曲，花轿中坐着新娘，缓缓前行，腰扎彩绸的舞者载歌载舞，欢乐有趣（见图 2.13.3）。

图 2.13.1

图 2.13.2

图 2.13.3

三、注意事项

在游戏时，应尽量选身高相等的幼儿担任"轿夫"，在抬的过程中，幼儿可以喊口号使其步伐一致。新娘角色选取体重较轻的幼儿担任。

四、建议

轿子可以根据幼儿的承受能力变化大小，可以选择更轻便、坚固的材质。

落实《指南》情况

抬花轿游戏适合中大班幼儿。《指南》在健康领域中要求幼儿"具有一定的力量和耐力"，在社会领域中提出"幼儿园应多为幼儿提供需要大家齐心协力才能完成的活动，体会合作的重要性"。首先，抬花轿游戏中八名幼儿合力抬起花轿，其间需要幼儿相互协调和配合，并能合理调节个人的步幅、步频并坚持下来，这对幼儿的合作能力、臂力和忍耐力都是很大的挑战和锻炼。其次，另一部分幼儿手持鞭炮、铜锣、小鼓、喇叭、绸子等道具扮演娶亲者，也需要相互间的配合和默契，并且需要他们配合表演烘托喜庆的气氛。创新的娶亲玩法契合了《指南》社会领域中"利用民间游戏、传统节日等，适当向幼儿介绍我国的民族文化"的要求。

2.14　推　小　车

✎ 设计意图及教育意义

推小车在我国历史悠久，特别是抗日战争时期，人们推小车运送战斗物资，为解放事业做出了巨大的贡献。幼儿园把推小车引入进来，不仅起到锻炼身体的作用，更是一种对文化的认识和传承，且具有教育意义。幼儿很喜欢玩推小车的游戏，在活动中，锻炼了幼儿的身体协调能力、手眼一致性以及手臂大肌肉的力量。

一、游戏器械

各种材料制作的小推车（见图 2.14.1）。

木轮独轮小推车　　传统独轮小推车　　　　　双轮轴承

手拉铁皮车　　　　　　　　矿泉水桶车

轮胎车　　　　　　　　　黄包车

图 2.14.1

二、游戏玩法

（一）独轮小推车

1. 幼儿推小推车，运送各种玩具、积木等物品（见图 2.14.2 和图 2.14.3）。

2. 一名幼儿推车，另一名幼儿坐在小推车上（见图 2.14.4 和图 2.14.5）。

（二）轮胎车

1. 幼儿推轮胎车，运送各种玩具、积木等物品（见图 2.14.6 和图 2.14.7）。

图 2.14.2

图 2.14.3

图 2.14.4

图 2.14.5

图 2.14.6

图 2.14.7

2. 一名幼儿推车，另一名幼儿坐在轮胎车上。

（三）自制矿泉水桶车、手拉铁皮车

幼儿推矿泉水桶车和手拉车（见图 2.14.8 和图 2.14.9）。

（四）二轮车和黄包车

幼儿拉二轮车，一名幼儿拉车，另一名幼儿坐在黄包车上（见图 2.14.10）。

（五）集体玩法

教师给幼儿设置障碍，指导幼儿依次推车或拉车越过障碍物（轮胎、栅栏等），完成运输游戏（见图 2.14.11 和图 2.14.12）。

图 2.14.8	图 2.14.9
图 2.14.10	图 2.14.11
图 2.14.12	

三、注意事项

1. 幼儿推小车时注意不要把车把抬得过高，以免前面触地翻车。

2. 小车上装的东西要位置适当，重量均衡，不然会出现侧歪或前重后轻、后重前轻，不好掌控。

3. 一定要量力而行，不要勉强。

4. 在推车过程中，要注意保持距离。

四、建议

1. 可以进行推小车比赛、绕过障碍物、上坡下坡、走直线等不同方式的推小车活动，丰富幼儿的经验。

2. 小车上推的重物（或幼儿）怎么放合适，可以在老师的引导下让幼儿自己探索。

✎ 落实《指南》情况

推小车游戏适合小中大班幼儿。不同年龄阶段的幼儿可以尝试不同样式和难度的小推车。《指南》在健康领域中要求幼儿"具有一定的平衡力，动作协调、灵敏；具有一定的力量和耐力"，由此可见，平衡能力、协调能力、灵敏性、耐力和力量都是最基本的素质。推小车的游戏恰好做到了这一点：怎样推得平稳，在各种路况下能及时调整动作和力度不翻车是对动作协调性、灵敏性的锻炼；能推多种物品，达到怎样的距离是对力量和耐力的考验。另外，《指南》在社会领域中提出"幼儿园应多为幼儿提供需要大家齐心协力才能完成的活动，体会合作的重要性"，并提到幼儿社会性学习的途径之一就是体验。推小车游戏就是使幼儿在体验的过程中感受到合作的重要和劳动的辛苦，契合了《指南》的目标要求和实施教育的精神。

第三篇

跑跳游戏

3.1 跳 箱 游 戏

✎ 设计意图及教育意义

大班的幼儿喜欢跑跑跳跳，喜欢挑战难度大的动作，为此，我们设计了跳箱游戏。在游戏中，开始时很多幼儿不敢尝试，老师耐心引导，并请会跳箱的幼儿为大家演示动作要领，慢慢地，越来越多的幼儿敢于尝试了。他们从不会跳到能熟练地正面跳、侧身跳，动作越来越熟练，也越来越优美。他们在不断尝试、不断失败、不断挑战的过程中，锻炼了胆量和爆发力，磨炼了意志，锻炼了手臂支撑的力量和双腿的弹跳能力，增强了体质，在体验到成功喜悦的同时，自信心也在慢慢提高。

一、游戏器械

鞍马、踏板、软垫（可在专门的体育器械专营店购买）（见图3.1.1）。

图 3.1.1

二、游戏玩法

（一）正面跳箱

幼儿先助跑，然后借助踏板的力量跳跃，双腿打开使身体跳过跳箱。跳过之后，前滚翻，亮相（见图3.1.2～图3.1.5）。

（二）侧边跳箱

幼儿先助跑，然后借助跳板弹起的力量跳跃，双手撑住鞍马上部，借助惯性，让身体腾空，由鞍马上面通过，身体平稳落地（见图3.1.6和图3.1.7）。

图 3.1.2

图 3.1.3

图 3.1.4

图 3.1.5

图 3.1.6

图 3.1.7

三、注意事项

提醒幼儿助跑速度要快，双手撑住鞍马时要用力，以保持身体平衡，防止磕碰。

四、建议

活动前做好充分的准备活动，如压腿、弓步、劈腿等准备动作。

✎ 落实《指南》情况

《指南》在健康领域的动作发展目标中要求幼儿"具有一定的平衡能力，动作协调、灵敏"，其中，要求"4~5岁幼儿能助跑跨跳过一定距离或一定高度的物体"。幼儿在跳箱时，需要将助跑、踏板、撑箱、跨越几个环节连贯起来，才能完成跳箱动作。幼儿在反复练习的过程中，发展了动作的协调性和灵活性。其中，腾空跨越跳箱的动作对幼儿来说具有一定的挑战性和难度，锻炼了幼儿的勇敢品质，同时也契合了《指南》在社会领域中提出的"鼓励幼儿尝试有一定难度的任务，让他感受经过努力获得的成就感"的建议。

《指南》在健康领域中建议"为幼儿准备一些体育活动材料，激发幼儿参加体育活动的兴趣，养成锻炼的习惯"。《指南》说明中要求应"尊重幼儿发展的个体差异。幼儿的发展是一个持续、渐进的过程，同时也表现出一定的阶段性特征。要充分理解和尊重幼儿发展进程中的个别差异，支持和引导他们从原有水平向更高水平发展"。在活动场地上我们投放了高低、宽窄不等的箱子，在确保幼儿安全的情况下，鼓励不同年龄段的幼儿根据自己的能力水平选择适合的箱子进行练习，使每个人都能从原有水平上获得提高。例如，小班幼儿可手脚并用爬上箱子，然后跳下；中班幼儿可双手撑箱且身体迅速跃到箱子上，然后跳下；大班幼儿则可通过助跑、踏板、撑箱、跨越等动作，较为连贯地跃过箱子。

3.2 跳 绳

✎ 设计意图及教育意义

跳绳是一种有节奏、有规律的健身运动，跳绳非常有益于身体的健康。跳绳的益处具体表现在：可以锻炼身体，增强体质，训练幼儿身体的平衡性、弹跳力，提高手、腿、眼的协调能力等，建立幼儿的方位感，培养幼儿的节奏感，使其能够自觉地形成组织纪律性，培养其团结协作精神和集体主义观念，提高大脑的思维灵敏度和判断力，有助于幼儿体力、智力和应变能力的协调发展。

一、游戏器械

直径约 1cm、长约 5.6m 的大跳绳 4 根、小跳绳若干、篮球、跳跳球、呼啦圈等（见图 3.2.1）。

图 3.2.1

二、游戏玩法

1. 划船游戏：用大跳绳做"船"，小跳绳做"船桨"，幼儿在"船内"边喊号子边划动"船桨"向前走动，一起玩划船的游戏（见图 3.2.2）。

2. 快速跳小绳：幼儿随节奏快速地跳小绳（见图 3.2.3）。

3. 拍球跳：幼儿手拿一个或两个篮球，随节奏边拍球边跳大绳（见图 3.2.4）。

4. 两人交换球：两名幼儿分别手拿一个篮球，边拍球边跳大绳，在跳大绳的过程中两人的篮球进行交换（见图 3.2.5）。

图 3.2.2

图 3.2.3

图 3.2.4

图 3.2.5

5. 大绳套小绳：幼儿在跳大绳的同时，让小绳跟大绳同一个节奏，大绳小绳一起跳（见图 3.2.6）。

6. 单人带球跳：幼儿在跳大绳的同时，拍单个篮球，随后增加难度，拍两个篮球（见图 3.2.7 和图 3.2.8）。

7. 跳跳球：幼儿脚踩跳跳球，在跳球的同时按节奏跳大绳（见图 3.2.9）。

8. 跳跳球、小绳：幼儿在跳大绳的基础上，边跳跳跳球边跳自己的小绳（见图 3.2.10）。

9. 两人抡绳一人跳：两边的幼儿为中间的幼儿抡小绳跳，三人共同按节奏跳大绳（见图 3.2.11）。

10. 羊角球：幼儿在跳大绳的基础上，边跳羊角球，边跳绳（见图 3.2.12）。

11. 三角合作跳：在三角的绳阵上两名幼儿胳膊相挽，按顺时针转圈跳动，三组幼儿同时进行（见图 3.2.13）。

12. 三角转跳：三名幼儿在三角绳阵上，按照老师抡绳转动的方向按节奏跳动（见图 3.2.14～图 3.2.16）。

13. 三角小绳跳：三名幼儿在三角绳阵上，自己跳着小绳进入大绳（见图 3.2.17）。

14. 双绳"大嘴"跳：幼儿在两绳之间按节奏跳动（见图 3.2.18）。

15. 转圈跳：多名幼儿按顺时针在抡动方向相反的两绳间跳动，跳的过程中形成一个圆形（见图 3.2.19）。

16. 多人合作跳：幼儿按照人数不断增多的顺序合作跳绳（见图 3.2.20～图 3.2.22）。

17. 多人合作搭肩跳：多名幼儿一起手拉手随节奏跳动，一起同方向转动，后面的幼儿将手搭在前面的幼儿肩上，变成搭肩跳（见图 3.2.23）。

三、注意事项

1. 跳绳前应做好充分的准备活动，让肌肉达到运动所需的状态。

2. 跳绳时应让幼儿选择宽松、轻便的衣物，穿质地软、重量轻的高帮鞋，以免脚踝受伤。

3. 选择跳绳场地时，应选择软硬适中的草坪、木质地板或泥土地的场地，不要让幼儿在硬性的水泥地面上跳绳，以免损伤幼儿的关节。在跳的过程中，尽量避免脚后跟着地，应尽量让前脚掌着地。

4. 要根据幼儿的情况合理安排运动量。

图 3.2.6

图 3.2.7

图 3.2.8

图 3.2.9

图 3.2.10

图 3.2.11

图 3.2.12

图 3.2.13

图 3.2.14

图 3.2.15

图 3.2.16

图 3.2.17

图 3.2.18

图 3.2.19

图 3.2.20

图 3.2.21

图 3.2.22

图 3.2.23

四、建议

1. 跳绳活动要循序渐进，由易到难，比如先跳小绳、单人跳，再过渡到双人跳、集体跳、花样跳等。

2. 集体跳绳时的节奏感、协调性很关键，可在平时加以练习。

3. 跳绳要时刻注意幼儿的变化，以便进行接应。

✎ 落实《指南》情况

《指南》中围绕幼儿的身体素质提出了"具有一定的平衡能力，动作协调、灵敏"和"具有一定的力量和耐力"的发展目标，并建议"开展丰富多样、适合幼儿年龄特点的各种身体活动，如走、跑、跳、攀、爬等，鼓励幼儿坚持下来，不怕累"。跳绳活动正好契合了这一点。

首先，跳绳能很好地锻炼幼儿的腿部肌肉，有利于下肢力量的发展，能培养幼儿的平衡感和节奏感，跳绳时的动作可谓左右开弓，上下齐动，有助于幼儿左脑和右脑平衡、协调地发展，使幼儿的活动更加协调、灵敏。其次，能帮助幼儿培养团结协作的精神和集体主义观念，确立方位感和整体意识。幼儿在跳绳过程中，有时是单人跳，有时是双人跳，有时是多人跳等，而且队形不断变换，有很多花样，每一种跳法都需要大家步调一致，找准自己的方位，并坚持到底，否则，集体跳绳就无法进行，所以幼儿在跳绳活动中，促进了集体意识的发展。最后，还培养了幼儿的节奏感、创造性，促进了数概念的形成，充分贯彻了幼儿发展的整体性原则，有利于幼儿身心全面协调发展。

3.3　自制滚筒游戏

✎ 设计意图及教育意义

用废旧的纯净水桶（或油漆桶）和 PVC 管（或铁丝、木棍）可以制作成好玩的玩具——滚筒。滚筒材料简单，制作方便，有很强的娱乐性和竞争性，玩法多样，不仅促进了幼儿身心全面健康发展，而且增强了幼儿的小肌肉和大肌肉动作的发展。同时，平衡能力、协调能力、耐力、灵活性都得到了发展。

一、游戏器械

自制纯净水滚筒：用 PVC 管做成长约 1m，宽分别约为 0.45m 和 0.5m 的四边形支架（转角处用 90 度弯头连接），用宽为 0.5m 的 PVC 管穿过纯净水桶（见图 3.3.1）。

铁桶：用铁丝穿过废旧铁桶，在铁丝的边缘缠绕一根长约 1m 的木棍（见图 3.3.2）。

图 3.3.1

图 3.3.2

二、游戏玩法

（一）开火车

幼儿跨坐在滚筒上，双手握住前面的杆，排成一排连接成小火车，左右摆动扶杆，充当小火车拐弯（见图 3.3.3）。

（二）推小车

幼儿握住扶杆，面向滚筒推动前进，可以绕过障碍物，也可以沿着地标线前进，做推小车的游戏（见图 3.3.4）。

图 3.3.3

图 3.3.4

（三）小马拉车

幼儿双手握住横杆，做小马拉车的游戏（见图 3.3.5）。

（四）推举滚筒

幼儿站在滚筒扶杆内，面向滚筒，双手握住两侧扶杆，脚不动，弯腰，使劲往前推，然后快速把滚筒举起来，使滚筒在空中快速转动起来（见图 3.3.6）。

图 3.3.5

图 3.3.6

（五）转动滚筒

把滚筒竖起来，滚筒朝上，一只脚踩住横杆，一只手扶住侧杆，用来固定滚筒，另一只手快速转动滚筒（见图 3.3.7）；或者将滚筒侧立，用脚踩住下方横杆，手的动作同上（见图 3.3.8）。

图 3.3.7

图 3.3.8

（六）跳框

把滚筒依次并排摆在地上，幼儿做跳框游戏（见图3.3.9）。

（七）会动的照片

幼儿把滚筒扶杆竖直，让滚筒在行进的过程中直立滚动，他们把这种玩法叫做"会动的照片"（见图3.3.10）。

图 3.3.9　　　　　　　　　　　　　　　　　图 3.3.10

三、注意事项

1. 在玩推小车游戏时，教师随时提醒幼儿不要和别的幼儿相撞。
2. 转动滚筒时，固定好滚筒后再用手转动。

四、建议

塑料桶（或油漆桶）也可更换为奶粉桶、易拉罐、矿泉水瓶等，充分废物利用。

✏ 落实《指南》情况

自制滚筒适合小班幼儿。《指南》在健康领域教育建议中鼓励幼儿进行走、跑、跳等活动。自制滚筒游戏中，幼儿开发出了推着滚筒走、拉着滚筒跑、跳框、推举滚筒、转动滚筒等多种玩法，在此过程中幼儿的走、跑、跳等身体动作及身体的协调性、力量和耐力等都得到了很大程度的锻炼，达成了《指南》的目标要求。

3.4 拉砧子

设计意图及教育意义

砧子是一种传统的生产工具，更是幼儿游戏活动的材料。把生产用的砧子引入幼儿园，在让幼儿感受传统文化的同时，也锻炼了身体。第一，砧子自身的重量对幼儿来说是一种挑战，幼儿在感受砧子的重力、体验用自己的力量进行控制的过程中，增强了全身的力量。第二，跑是幼儿很喜欢的运动方式，负重跑更是增加了难度和趣味。要拉着砧子跑起来，幼儿需要有足够的力量，掌握基本的技巧，通过调节自身的身体平衡，平稳前进，既锻炼了幼儿的腿部力量和快速奔跑的能力，又发展了幼儿的手臂协调能力和身体的平衡能力。第三，在运动的过程中，幼儿释放了能量，获得了愉悦的心情。第四，教师根据幼儿游戏的需要，设置小组比赛、你追我赶等活动，不仅激发了幼儿游戏的积极性，而且培养了幼儿的团队意识及合作能力，增加了游戏的趣味性，对此游戏的教育价值进行了深度挖掘。

图 3.4.1　　　　图 3.4.2

一、游戏器械

独轮砧子（见图 3.4.1）和双轮砧子（见图 3.4.2）。砧子由直径约 30cm、厚约 8cm 的石环（中间有直径约 5cm 的圆洞）装木架构成，两个的为双轮砧子，单个的为独轮砧子。

二、游戏玩法

1. 在宽阔的场地上，幼儿可以推着单轮砧子前行，体验推车的乐趣（见图 3.4.3）。

2. 幼儿还可以背对着砧子，拉着砧子前行，体验拉车的乐趣（见图 3.4.4）。

3. 幼儿手拉双轮砧子上的绳子，自由拉着转圈跑，用手臂的力量控制双轮前进的方向（见图 3.4.5）。

4. 幼儿在拉着双轮砧子前行时，还可以拉动手中的绳子，向反方向前行（见图 3.4.6）。

三、注意事项

1. 游戏场地要宽敞，便于幼儿随意地跑、转身、拐弯等。

2. 当幼儿拉着双轮砘子快速前进过程中突然停下时，所用的拉绳不会对砘子进行制动，砘子会由于惯性继续前进，所以教师要提醒幼儿避开砘子前进的方向，以免被砘子压到。

图 3.4.3

四、建议

1. 可以选择不同的地面进行拉砘子的游戏。

2. 可以玩接力跑的游戏，一人累了，另一人接上，争取不让砘子停下。

3. 教师还可以让幼儿玩你追我赶的游戏，一名幼儿拉砘子跑，其他幼儿在后面追，突然改变拉砘子的方向并停住时，砘子会由于惯性继续向前跑，其他幼儿要迅速躲开。

图 3.4.4

✎ 落实《指南》情况

砘子游戏适合大班幼儿。户外活动不仅对幼儿形成健康的体态、愉快的情绪、适应环境的能力，发展动作的平衡、协调、灵敏、力量和耐力等具有极大的作用，还能够发展幼儿的生活自理能力和安全意识、自我保护能力。《指南》在社会领域中要求5～6岁幼儿"能与同伴友好相处""能想办法吸引同伴和自己一起游戏，活动时能与同伴分工合作，遇到困难能一起克服"。砘子游戏中两名幼儿接力拉砘子不让砘子停下来，其间两人合作时还能迅速躲避快速滚来的砘子。这对幼儿的合作能力、耐力和力量都是很大的挑战和锻炼。

图 3.4.5

图 3.4.6

3.5 滚 轮 胎

✎ 设计意图及教育意义

在幼儿熟练滚轮胎的基础上，为进一步增加活动的趣味性和挑战性，我们适当增加难度，创新了花样滚轮胎活动。

滚轮胎活动主要发展幼儿的平衡能力和手眼协调能力。活动中，幼儿拉轮胎，用竹棍滚轮胎，滚着轮胎通过"小桥"、钻过"山洞"等，比在平地上滚轮胎增加了难度，更需要控制好速度，掌握好平衡。面对新的挑战，幼儿充满了斗志，在不断克服困难和障碍的过程中越来越有自信，发展动作的同时，也磨炼了意志。

一、游戏器械

长度 2m 左右的长方形木板，中间下面用三角形铁架固定，做成两个木制的跷跷板，直径 1m 的大滚筒两个、废旧轮胎若干、竹棍、布绳（见图 3.5.1）。

图 3.5.1

二、游戏玩法

1. 双手扶稳轮胎两侧，推动轮胎向前滚动，待动作熟练后可由双手滚变为单手滚，还可进行绕障碍滚（见图 3.5.2）。

2. 将轮胎摆成两列直线，看谁在轮胎上走得快、走得稳；也可以将轮胎侧放，摆成直线或曲线，在轮胎的圆洞中间进行双脚跳和单脚跳（见图 3.5.3）。

3. 用竹棍滚轮胎（见图 3.5.4）。

4. 用布绳拉轮胎（见图 3.5.5）。

5. 滚轮胎过小桥、钻山洞。幼儿分成两组，在跷跷板后面排队，接着依次滚轮胎通过"独木桥"（见图 3.5.6）；继续滚轮胎进"山洞"（大滚筒）（见图 3.5.7）；再往前滚至标记位置返回，重新回到队伍后面排队。可以设计成两组比赛的形式，看哪一组最早完成，所有幼儿最先完成的那一组胜出（见图 3.5.8）。

图 3.5.2

图 3.5.3

图 3.5.4

图 3.5.5

图 3.5.6

图 3.5.7

图 3.5.8

三、注意事项

1．游戏场地不要太短，应在开阔的跑道上进行，可以让幼儿滚轮胎时奔跑起来。

2．幼儿排队过"独木桥"（跷跷板），前面的幼儿过桥时，后面幼儿的轮胎不要压在板上，这样前面的幼儿才能将板压下顺利过桥。

四、建议

1．轮胎用彩色油漆粉刷，好看的颜色会让幼儿更加喜爱玩这个游戏。

2．幼儿人数多时，可以分多组同时进行，以免等待时间过长。

📝 落实《指南》情况

滚轮胎游戏适合中大班幼儿。《指南》在健康领域的动作发展目标中要求幼儿"具有一定的平衡能力，动作协调、灵敏；具有一定的力量和耐力"。《指南》指出"幼儿的学习是以直接经验为基础，在游戏和日常生活中进行的"，同时也强调"最大限度地支持和满足幼儿通过直接感知、实际操作和亲身体验获取经验的需要"。这足以说明幼儿的学习方式和特点是"做中学、玩中学"。在滚轮胎游戏中，幼儿通过拉轮胎，用竹棍滚轮胎，滚着轮胎通过"小桥"、钻过"山洞"等，学会了滚轮胎的多种玩法，习得了滚、平衡等多种能力和技巧，锻炼了幼儿身体的协调性、灵活性。另外，滚轮胎的多种玩法对幼儿的力量也是挑战，幼儿在不断克服困难和障碍的过程中发展了动作，使得幼儿越来越有自信，培养了其不怕困难、勇敢、坚强的意志品质。

第四篇

水上游戏

4.1 快 乐 嬉 水

✎ 设计意图及教育意义

1. 游泳是一项全身性运动，也是一项很好的体格锻炼项目。幼儿学习游泳，有利于习得生存技能，提高自我保护能力。同时，幼儿游泳时，身体与阳光、水、空气得到了充分的接触，从而增强了皮肤的抵抗力和抵御疾病的能力。另外，游泳还可以锻炼幼儿的平衡能力，提高身体的协调性和灵活性。

2. 在炎热的夏季，水是幼儿消暑的好伙伴。幼儿在踩水的过程中，能调动触觉器官，增强皮肤的敏感度，更能使他们乐此不疲，体验到踩水的乐趣和幸福。

3. 水枪是幼儿喜欢的一种玩具，在玩水枪的过程中，能满足幼儿玩水的天性，使其体验玩水的乐趣。同时，水枪还能锻炼幼儿双手的协调性和灵活性，增强臂力。

4.1.1 游泳

一、游戏器械

游泳池、游泳圈、泳衣等。

二、游戏玩法

幼儿在游泳池中快乐嬉戏，根据幼儿个人的协调性可进行水中奔跑、双脚双手拍打水花、借助泳圈练习游泳等（见图 4.1.1 和图 4.1.2）。

图 4.1.1

图 4.1.2

三、注意事项

1. 考虑到水温，最好在下午三点左右游泳。
2. 游泳前一定要做好准备工作，如活动四肢、舒展身体等。
3. 游泳前，幼儿不宜吃得太饱，可适量吃点食物，做到不饿、不饱胀。
4. 游泳过程中，一定要做好防护工作，注意幼儿的安全，防止跌倒、划伤。
5. 掌握好游泳的时间，时间不宜过长。

四、建议

根据不同年龄段的幼儿，游泳池水深应适当调整，保证幼儿的安全。

4.1.2　踩水

一、游戏器械

水洼地、游泳池或水池等。

二、游戏玩法

幼儿脱掉鞋子，光着小脚丫，挽起裤角，快乐地在水洼或水池里踩来踩去，随心所欲地玩耍（见图 4.1.3 和图 4.1.4）。

图 4.1.3

图 4.1.4

三、注意事项

一定要注意踩水区域的安全，事先检查好有无瓦砾等尖锐物品。

四、建议

可以因地、因时制宜，可在雨后，寻找一处积水地玩耍。

4.1.3　水枪之战

一、游戏器械

水枪（可在商店购买）（见图4.1.5）。

二、游戏玩法

雨后，幼儿拿起水枪来到户外积水地，玩水枪大战。小朋友之间、班级之间，可以开展激烈的"战斗"，也可以比一比谁的水枪喷得远、喷得高（见图4.1.6和图4.1.7）。

图4.1.5

图4.1.6

图4.1.7

三、注意事项

1. 提前告诉幼儿，玩水枪时，不能对着别人的脸和身体。
2. 结束时，提醒幼儿将水枪内剩余的水全部清理干净。

四、建议

1. 可因地制宜在雨后的积水地玩。
2. 根据幼儿的人数，用若干水盆盛满水，放置在户外宽阔地，供幼儿玩。

✍ 落实《指南》情况

游泳、踩水、水枪之战等游戏适合小中大班幼儿。《指南》在健康领域的动作发展目标中要求幼儿"具有一定的平衡能力，动作协调、灵敏"，建议"利用多种活动发展身体平衡和协调能力"；激发幼儿参加体育活动的兴趣，使其养成锻炼的习惯。在社会领域中建议"幼儿园组织活动时，可以经常打破班级的界限，让幼儿有更多机会参加不同群体的活动"。在玩水游戏中，幼儿能充分与阳光、空气和水接触，既能有效地锻炼幼儿的平衡能力、身体的协调性和灵活性，又能提高幼儿对外界环境的适应能力。水枪之战中，幼儿要用力推动水枪才能将水喷出，锻炼了幼儿的臂力和双手的协调性和灵活性。此外，游泳、踩水、水枪之战都可以打破班级界限，几个班或者全园一起游戏，有利于幼儿接触不同年龄段的幼儿，更好地与他人交往和接触，培养幼儿的交往能力和语言表达能力。

4.2 玩古老水车

✎ 设计意图及教育意义

中大班幼儿已经萌发了探索科学的意识，为了让幼儿感知速度与水流的关系，我园特地制作了一架水车。幼儿通过玩水车的游戏，增加了玩水的经验，体验到玩水的快乐感受。

水车比较大，一个人转动比较费力，所以，只有合作才能转起来。在玩的过程中，大家为实现共同目标相互协作，培养了合作意识。游戏使幼儿初步感受水的流动、水的浮力等相关知识，在接水、运水的过程中有利于锻炼幼儿的手眼协调能力和臂力。

一、游戏器械

1. 场地布置：水池一处（可根据场地大小而设计）。
2. 游戏材料：水车（高约2m、轮子直径约1.5m）；大小不同的塑料水桶、水盆等。

二、游戏玩法

幼儿合作将水车转起，就有水花不断被抛起，可用水桶、水盆等接水，还可以比赛谁接得多、运得多。幼儿还可以体验一个人、两个人、三个人转动水车的感受，看怎样转得快，怎样更省时、省力（见图4.2.1和图4.2.2）。

图 4.2.1

三、注意事项

幼儿合作玩水车时要保持转的方向一致。

四、建议

玩本游戏首先要有水池，水池的大小可根据本园的实际情况来设计。

图 4.2.2

✐ 落实《指南》情况

　　此游戏适合中大班幼儿。《指南》在社会领域目标中要求"幼儿活动时能与同伴分工合作，遇到困难能一起克服"；并在教育活动中建议"幼儿园应多为幼儿提供需要大家齐心协力才能完成的活动，让幼儿在具体活动中体会合作的重要性，学习分工合作"。幼儿科学学习的核心是激发探究兴趣，体验探究过程，能用多种感官或动作去探索物体，关注动作所产生的结果；能探索并发现常见的物理现象产生的条件或影响因素，如影子、沉浮等；并在探究中能与他人合作与交流，在探究中思考，尝试进行简单的推理和分析，发现事物之间明显的关联。例如，带轮子的物体方便移动；不同用途的车辆有不同的结构等。玩古老水车这个游戏，需要幼儿齐心协力进行合作转动水车，让水不断地流动。在此过程中，幼儿感知了水的流动，探索了水车的原理，从而使幼儿的团结协作能力和探究事物的能力都得到了很好的发展，达成了《指南》的目标要求。

4.3 水 上 运 动

✎ **设计意图及教育意义**

水上运动项目的开展，充分体现了一地多玩、一地多用的好处。形式多样的水上运动项目，发展了幼儿身体的协调能力、同伴合作的意识，同时也增强了幼儿的体能，使幼儿在快乐的玩耍中愉悦身心。

一、游戏器械

4.3.1 水上滚球、水上滚筒

充气的水上滚球、水上滚筒（可在商店或者网上购买）。

二、游戏玩法

根据水上滚球或水上滚筒的大小确定一次进入滚球或滚筒的幼儿的人数，幼儿进入滚球或滚筒后要团结合作、协调一致地一起往前倾或往后退，利用身体与滚球或滚筒的作用力使滚球或滚筒在水上滚动（见图 4.3.1 和图 4.3.2）。

图 4.3.1

图 4.3.2

三、注意事项

1. 进入滚筒或滚球的人数不宜过多，以免发生挤压。

2. 提醒幼儿统一朝一个方向运动，这样才有趣。

四、建议

在玩的过程中，教师可以拖拉滚筒或滚球，让幼儿感受不一样的乐趣。

4.3.2 溜冰

一、游戏器械

游泳池、塑料滑板、自制的轮胎车（将轮胎一侧用铁板或木板封住，安装上四个轱辘，然后在轮胎上钻孔，用一根绳子拴上即可）等。

变通方法：也可用其他的设施，如小板凳等。

二、游戏玩法

冬日，游泳池里的水结成了冰，就形成了天然的溜冰场。幼儿可以自由溜冰：溜着玩、相互拉着轮胎车玩、坐在滑板上玩，尽情感受冰上玩耍的乐趣（见图4.3.3和图4.3.4）。

图 4.3.3

图 4.3.4

三、注意事项

在玩的过程中，由于冰滑，很容易发生磕碰，一定要注意孩子的安全。

四、建议

可根据幼儿的能力，设置障碍，增加溜冰的趣味性。

4.3.3 动物碰碰船

一、游戏器械

充气动物碰碰船（可在商店或者网上购买）。

二、游戏玩法

幼儿乘坐碰碰船，自由漂荡在水面上，感受温暖的阳光和摇曳的美妙（见图4.3.5和图4.3.6）。

三、注意事项

1. 小班幼儿年龄小，要由教师抱到"碰碰船"上，待孩子坐稳后，方可摇动"碰碰船"。中大班的可由教师扶着坐入船中。

2. 玩的过程中，不要让幼儿站起来，或者是随意乱动，以免发生危险。

图 4.3.5

图 4.3.6

四、建议

一次可以多坐几名幼儿，这样能增加幼儿坐船的机会。

4.3.4 小木船

一、游戏器械

用木板自制的2m左右的小木船。

二、游戏玩法

请幼儿上船坐好，由教师推动木船往前走，木船到达水池的尽头，再由教师拉动船绳将船拉到水池的另一头（见图4.3.7和图4.3.8）。

图 4.3.7　　　　　　　　　　　　　　图 4.3.8

三、注意事项

1. 教师安排幼儿坐船时，一定要考虑让幼儿的体重相当，以免两侧重力不均衡，发生危险。

2. 幼儿坐入船中，一定要抓好，不要乱动，以防小船侧翻。

四、建议

可在木船中间的小桌子上放入玩具等物品，供幼儿玩耍，增加坐船的趣味性。

4.3.5　水上自行车

一、游戏器械

充气水上自行车（可在商店或网上购买）。

二、游戏玩法

幼儿坐上自行车，可用脚蹬，如向前蹬、向后蹬，自行车即可前进或后退；也可坐在自行车上，自由摇曳（见图 4.3.9 和图 4.3.10）。

三、注意事项

提醒幼儿一定要抓好两侧的扶手，注意在骑行过程中的安全。

四、建议

此项活动具有一定的挑战性，可优先让能力较强的幼儿尝试，然后再鼓励其他的幼儿尝试。

图 4.3.10

图 4.3.9

4.3.6　小木船

一、游戏器械

手摇船（可在商店或者网上购买）。

二、游戏玩法

幼儿坐在手摇船上，一人摇船或者两人合作双手摇船，船会在水中摇动，幼儿可享受摇曳的快乐（见图 4.3.11 和图 4.3.12）。

图 4.3.11

图 4.3.12

三、注意事项

提醒幼儿双人合作摇船时，要摇向一个方向。

四、建议

中大班的幼儿，可以进行比赛，增加游戏的趣味性。

✎ 落实《指南》情况

《指南》在健康领域的身心状况目标中要求幼儿"有一定的适应能力"，建议"保证幼儿的户外活动时间，提高幼儿适应季节变化的能力"。《指南》在社会领域中建议："幼儿园应多为幼儿提供需要大家齐心协力才能完成的活动，让幼儿在具体活动中体会合作的重要性，学习分工合作。"根据季节的变换，水上运动项目可以适时调整，如夏秋季节的水上滚球、滚筒、碰碰船、小木船、水上自行车和手摇船等，冬季的溜冰，幼儿在户外活动中能提高适应季节变化的能力，增强免疫力和抵抗力。在水上滚球、水上滚筒、双人溜冰、双人手摇船等游戏中，幼儿必须团结合作，用力向前或向后移动或摇动才能使滚球、滚筒、手摇船等向前或向后移动，此过程中幼儿的体力、合作能力和身体协调能力等都得到了锻炼和发展，达成了《指南》的目标要求。

对于小班幼儿侧重于激发幼儿的探索兴趣，如何使滚筒、滚球、碰碰船、手摇船等向前或向后移动，待幼儿熟练后，可以尝试加快速度，提高游戏的乐趣。中班幼儿侧重于竞争意识和合作能力的培养，可以设计滚球、滚筒、溜冰、手摇船等比赛环节，看看哪队速度更快，激发幼儿的挑战性，体验合作的快乐。大班幼儿侧重于水上自行车等难度较大的游戏，幼儿在骑行的过程中，能有效地锻炼腿部力量、身体的协调性和动作的灵敏性，从而增强幼儿的体能。

4.4 水上泛舟

✎ 设计意图及教育意义

玩水是幼儿喜爱的活动，在玩水的过程中，能让幼儿开阔眼界，体验幸福和快乐。为此，我们拓展了一系列的水上活动。

第一，幼儿在欣赏或者操作遥控船的过程中，感受到了遥控船的魅力，体验了无限的快乐和新奇，同时，游戏也利于培养幼儿从小爱科学的情感，激发幼儿的科学探索欲望。

第二，利用废旧物品。幼儿和家长共同探讨、共同制作易拉罐帆船、芦苇小舟、荷灯等，在这个过程中，既增强了亲子之间的感情，融洽了亲子关系，又发展了幼儿的想象力和创造力。

4.4.1 遥控船

第三，当自己的作品在水上航行时，会使幼儿体验到成功感和幸福感。同时，玩水让幼儿感受到了水世界的魅力，开拓了眼界，增长了科学知识。

一、游戏器械

游泳池、遥控船（可在商店或者网上购买）。

二、游戏玩法

教师或者幼儿手拿遥控器，操控遥控船，使其进行前进、后退、左转、右转等方向的变化（见图 4.4.1 和图 4.4.2）。

图 4.4.1

图 4.4.2

三、注意事项

1. 开始时，由教师操作，待激发起幼儿的兴趣后，可尝试让幼儿操作。

2. 注意在操作的过程中，尽量不要让遥控船碰撞到游泳池上，以免缩短遥控船的使用寿命。

四、建议

可在水池里，或者幼儿园的其他盛水装置里操作。

4.4.2　自制易拉罐帆船

一、游戏器械

游泳池、自制易拉罐帆船（将两个及以上的易拉罐口封好，然后并排用透明胶或者铁丝连接起来固定好，在易拉罐的上面做好风帆，最后用一根筷子将风帆和易拉罐连接即可）（见图4.4.3）。

二、游戏玩法

幼儿手拿自制的易拉罐帆船，放进游泳池，风一吹，易拉罐小船就起航了；也可以让幼儿轻轻拨动水，小船也会慢慢摇动（见图4.4.4）。

图4.4.3

图4.4.4

三、注意事项

注意安全，尽量不要让幼儿趴在游泳池壁上，以防跌进游泳池。

四、建议

根据幼儿园的现有条件，可以在大浴盆玩，也可在其他盛水的装置里玩。

4.4.3 芦苇叶小船

一、游戏器械

游泳池、自制芦苇叶小船（到野外采摘芦苇叶，然后幼儿和家长按照喜好，进行首尾折叠，或者创意折叠，一叶漂亮的芦苇叶小船就做好了）（见图 4.4.5 和图 4.4.6）。

二、游戏玩法

幼儿手拿亲自制作的芦苇叶小船，放进游泳池，风一吹，芦苇叶小船就漂起来起航了；也可以让幼儿轻轻拨动水，小船也会慢慢摇动（见图 4.4.7 和图 4.4.8）。

图 4.4.5

图 4.4.6

图 4.4.7

图 4.4.8

三、注意事项

注意幼儿拨水时的安全，可适度在游泳池边拨水，让芦苇小船摇曳。

四、建议

因地制宜，将小船放在水盆或其他盛水的装置里都可以玩。

4.4.4 放荷灯

一、游戏器械

游泳池、自制荷灯（利用彩色的纸张或者废旧的彩纸都可以，将彩纸剪成正方形，然后将四角折向中心，再将四角打开，几个回合下来，一个漂亮的小"乌篷船"就做成了，也可在上面放上蜡烛）（见图 4.4.9 和图 4.4.10）。

二、游戏玩法

幼儿手拿自制的荷灯，放进游泳池，风一吹，荷灯就漂起来了；也可以让幼儿轻轻拨动水，荷灯也会慢慢摇动（见图 4.4.11）。

图 4.4.9 图 4.4.10

图 4.4.11

三、注意事项

注意幼儿在水边的安全，尤其是荷灯淹没在水里后，不要让幼儿打捞。

四、建议

以幼儿园现有条件为基础，将荷灯放在水盆或其他盛水的装置里都可以玩。

落实《指南》情况

水上泛舟系列活动符合幼儿的发展水平和兴趣需要，在实施过程中符合《指南》提出的几项原则，具体有以下几方面。

第一，《指南》中指出"幼儿的学习是以直接经验为基础，在游戏和日常生活中进行的""创设丰富的教育环境……最大限度地支持和满足幼儿通过直接感知、实际操作和亲身体验获取经验的需要……"一系列水上活动正体现了这一点：幼儿通过实际操作各种小船，直接感知各种船的不同质地、造型、水上飘动的动力等，丰富了幼儿的亲身体验。

第二，《指南》中科学领域强调"幼儿科学学习的核心是激发探究兴趣，体验探究过程，发展初步的探究能力……成人要充分利用自然和实际生活机会，引导幼儿学习发现问题、分析问题和解决问题"。水上活动一直是幼儿非常喜欢的一项运动，在泛舟系列活动中，幼儿通过观察、比较船的不同造型、漂流速度的不同、沉浮的不同等积累初步经验，通过操作进一步改进船的结构和对船的控制，提升了幼儿发现问题、解决问题的能力。

第三，《指南》中还指出"关注幼儿学习与发展的整体性""要注重领域之间、目标之间的相互渗透和整合"。水上泛舟系列活动包括各个领域，比如遥控船、制作船锻炼手的动作，属健康领域；制作各种小船进行美化装饰属艺术领域；探索小船的沉浮与流向属科学领域；活动中的互相合作、交流属于社会领域和语言领域，所以，整个活动是以整体的形式关注幼儿的学习与发展的。

第四，游戏照顾到了幼儿发展的个体差异性，不管是遥控船还是自制的各色小船，都要经过搜集材料制作、下水试验、后期修改、调整等几个阶段，每个阶段中幼儿都有很强的自主性，完全可以根据自己的兴趣爱好和水平进行，所以做到了"尊重幼儿发展的个体差异"。

4.5 竹桥流水

✎ 设计意图及教育意义

为了激发幼儿的探索欲望，我们通过改变水流方向、大小和速度，设计了竹桥流水游戏，让幼儿感受水流的变化和特点。

幼儿在玩水的过程中，了解了水是从高处往低处流的，同时，自制的树叶小舟激发了幼儿探索如何使得小舟平稳顺流而下的欲望，培养了幼儿的探究能力。

此游戏寓教于乐，真正做到了让幼儿在玩中学，学中玩。

一、游戏器械

用竹竿制作的竹桥（先将竹竿从中间劈开，然后将竹竿从高到低连接起来）、连接竹桥与自来水的水管、水流、小树叶等漂流物（见图 4.5.1～图 4.5.3）。

图 4.5.1

图 4.5.2

图 4.5.3

二、游戏玩法

1. 教师引导幼儿观察水由高处向低处流的情形，初步感知水流，自由探索（见图4.5.4）。

2. 幼儿仔细观察水流方向、落差，感知水流速度（见图4.5.5）。

3. 引导幼儿用手挡住水流一段时间后，观察水流有什么样的变化（见图4.5.6）。

4. 用树叶做小舟放进水槽（圆形、长条形等），观察其不同的漂流状态（见图4.5.7）。

图4.5.4

图4.5.5

图 4.5.6

图 4.5.7

三、注意事项

1. 幼儿游戏时，不要太拥挤，可以分散在竹桥的两侧，利于观察。
2. 游戏有一定的季节性，更适合夏、秋季节玩。

四、建议

1. 如果幼儿园有足够宽阔的草坪，以及户外自来水管，可以在草坪上安装竹桥，一是可以一地多用，便于幼儿探索，二是节约水资源，流出的水还可以浇草坪。

2. 可以在竹桥的末端放置一个大澡盆，使水流至其中。幼儿可以玩水上玩具，也可浇绿地及花池等。

✏ 落实《指南》情况

《指南》中科学领域有"亲近自然，喜欢探究"的教育目标，并建议"多方面支持和鼓励幼儿的探索行为"。树荫下、草地上曲折的竹桥，本身就带有神秘性和美感，而最令人兴奋的是打开水管，水流缓缓而来，带走竹桥里的树叶、小草，它们打着旋，似乎快乐无比，有的小石子、小土粒水流带不走，反而把水流挡一下，土粒还会被冲散，这一切是那样新奇，不知不觉中带幼儿走进探究的天地。"在探究中认识周围事物和现象"也是《指南》中科学领域的目标，幼儿在水里放置各种东西，草籽、树叶、石子、土块甚至是自己的小手，还会续接竹桥，改变水流的方向和距离，感受水流、速度、沉浮等，小竹桥是支持、鼓励幼儿探索行为的见证，竹桥流水更带领幼儿开启了探究并认识事物的旅程。

第五篇

情景游戏

5.1　长 征 之 路

📝 设计意图及教育意义

《纲要》中指出："环境是重要的教育资源，应通过创设和有效地利用环境影响幼儿。"一片沙地，怎样让幼儿玩得更好，得到更多的锻炼和更好的发展呢？平时，孩子们非常喜欢玩一些具有挑战性的游乐设施，这一点给我们提供了思路，于是我们在沙地上设计了多个活动项目，创设了具有丰富性、开放性、探索性等特点的游戏内容，让孩子们在玩中得到锻炼。

在游戏中，幼儿通过走、爬绳网桥，爬小滑梯、滑滑梯等增强了身体的协调性，也锻炼了胆量。走浮桩、翻攀登架、转笼里面的旋转等游戏锻炼了幼儿的手臂力量和运动能力，在锻炼动作的同时，更培养了幼儿的勇敢精神和坚持性。比如，在走浮桩的时候，很多幼儿都是练习多次才能走好、走稳，一次次失败，一次次尝试，在坚持不懈的练习过程中，幼儿的意志品质不断得到锻炼。另外，游戏和长征故事的有机结合，也让幼儿接受了红色革命的教育。总之，此游戏让幼儿在不知不觉中增长了见识、锻炼了身体，培养了探索和创新精神。

一、游戏器械

在大约 20m×20m 的方形沙地上布置攀登架、浮桩、荡网、转笼、轮胎洞等设施。所有设施靠沙地边缘摆放，形成一个循环路线。

设施规格分别为：

荡网：长 15m、宽 1.5m、高 1.6m；网底离地面 0.2m（见图 5.1.1）。

浮桩：架子长约 4m、高约 2m、宽约 1m，浮桩为大约 0.3m 的圆木，在圆木 1/3 处钻洞穿绳，绳两头固定在架子的横杆上（绳子要能自由转动），离地面约 0.1m（见图 5.1.2）。

攀登架：四根木棍支撑起的底边为 2.3m、上窄下宽的梯形设施，前后两面为梯子状（见图 5.1.3）。

二、游戏玩法

首先我们将红军长征的故事讲给幼儿听，比如突破敌人封锁线、四渡赤水、飞夺泸定桥、翻雪山、过草地等，让幼儿了解红军长征时经历的艰难困苦以及红军不怕牺

图 5.1.1

图 5.1.2

图 5.1.3

牲、战胜困难、勇夺胜利的信心和勇气。然后以此为背景，将沙地上的各类玩具有意识地组合、联系，共同开发出新的玩法。

（一）飞夺泸定桥

把荡网想象成敌军封锁的沪定桥，幼儿依次穿过，可以从底下快速通过，也可以从侧面攀爬通过（见图 5.1.4 和图 5.1.5）。

（二）过草地

将浮桩想象成红军长征时过的草地，幼儿依次穿过（见图 5.1.6）。

（三）沼泽地救援

把轮胎洞想象成沼泽地里的淤泥陷阱，一人掉下去，大家来救援（见图 5.1.7）。

（四）紧急救援

把铁制转笼当作紧急救援站，有生病的、受伤的人，赶紧请医护组进行紧急救援（见图 5.1.8）。

（五）翻雪山

将攀登架想象成雪山，让幼儿不但要爬上去，更要翻过去，从另一面下来（见图 5.1.9 和图 5.1.10）。

图 5.1.4

图 5.1.5

图 5.1.6

图 5.1.7

图 5.1.8

图 5.1.9

图 5.1.10

三、注意事项

1. 所有这些玩法都需要有一定的手臂力量，因此玩的过程中要提醒幼儿用手抓牢，避免发生危险。

2. 玩转笼的时候，外边奔跑转动转笼的幼儿速度很快，其他小朋友要与其保持一定距离，小心被撞到；另外，幼儿人数要适当限制。

3. 过浮桩有一定的技巧性，即幼儿在一块浮桩上站稳，先过一只脚，再过两只手，抓牢，最后过另一只脚，教师可依此指导。

四、建议

1. 有了设施，放手让幼儿玩，幼儿不但锻炼了身体，更会开动脑筋探索出多种玩法，因此，要放手，鼓励与肯定幼儿进行不同的尝试与探索（当然要在保证安全的基础上），在体验不断变化的玩法中，幼儿会乐此不疲、兴趣不减。

2. 利用此游戏设施还可以进行角色游戏，如娃娃家、打怪兽、登上瞭望塔等。

3. 在沙地上还可以进行画沙画等玩沙游戏。

✎ 落实《指南》情况

长征之路游戏适合小中大班幼儿。《指南》在健康领域的动作发展目标中要求幼儿"具有一定的平衡能力，动作协调、灵敏"，并在教育建议中提出"利用多种活动发展身体平衡和协调能力"，如走平衡木，或沿直线地面行走、田埂行走等，锻炼幼儿动作的协调性和灵敏性，提升幼儿的运动能力。在走浮桩、过荡网、爬攀登架、爬滑梯、玩转笼等游戏中，幼儿需手眼协调，手脚并用，运用全身的力量才能完成游戏，这样锻炼了幼儿动作的协调性，提升了幼儿的自信心。走浮桩、爬攀登架等游戏，更侧重锻炼幼儿手臂肌肉的力量和耐力，个子小、力量差的幼儿需一遍遍尝试和练习，才能完成活动，锻炼了幼儿的抗挫能力和坚持不懈、不怕困难的意志品质。此外，本游戏设定了红军过雪山草地、飞夺泸定桥等情境，增强了游戏的趣味性，容易激发起幼儿浓厚的游戏兴趣，符合《指南》教育建议中"为幼儿准备多种体育活动材料""激发幼儿参加体育活动的兴趣"的目标要求。

对于小班的幼儿主要是激发其游戏兴趣，他们通过坐转笼、过荡网、画沙画等游戏，体验和同伴一起玩耍的快乐；中班的幼儿主要是训练身体的平衡能力和协调能力；大班的幼儿主要锻炼动作的协调性和灵敏性，培养他们在活动中遵守游戏规则的意识，让他们学会保护自己，同时能够体验活动带来的成功感和愉悦心情，增强自信心，契合《指南》在健康领域中要求大班幼儿"能以手脚并用的方式安全地爬攀登架、网等"的目标。

5.2 打 怪 兽

✎ 设计意图及教育意义

打怪兽游戏将多种场地及玩具以幼儿感兴趣的故事情境连接在一起，在游戏中，幼儿通过走铁索桥、爬轮胎墙、打怪兽等，锻炼了平衡能力、攀爬能力和投掷能力，培养了勇敢的品质，体验了游戏带来的成功和快乐，增强了自信心。

一、游戏器械

1. 游戏场地：在长 2.3m、宽 0.75m、高 1m 的铁架上，用铁锁绳吊 13 根长 0.6m、直径 0.05m 的铁棍形成荡桥（见图 5.2.1）。在高 3.5m、宽 7m 的铁架上，用铁链绳把直径为 0.55m 的轮胎一个个穿起来形成轮胎墙（见图 5.2.2）。

图 5.2.1

2. 游戏材料：小桶、小球、怪兽图片若干（见图 5.2.3）。

二、游戏玩法

1. 幼儿走过摇摆不定的铁索桥（见图 5.2.4）。

2. 幼儿爬上轮胎墙，并寻找藏在其中的"手榴弹"（见图 5.2.5）。

图 5.2.2

3. 幼儿手持"手榴弹"跑向怪兽居住的地方，向怪兽发起攻击（见图 5.2.6）。

三、注意事项

1. 爬轮胎墙时铁链容易摩擦小手，要让幼儿戴手套。

2. 爬轮胎墙时，教师注意随时提醒幼儿手要抓紧铁链，脚蹬稳轮胎以后再往上攀爬。

3. 轮胎墙两侧地面做成沙地或做成 5cm 厚的塑胶地垫。

图 5.2.3

图 5.2.4

图 5.2.5

图 5.2.6

四、建议

轮胎墙在靠近几棵大树的场地一角焊制专门的铁架子来制作。

✎ 落实《指南》情况

打怪兽游戏适合中大班幼儿。《指南》在健康领域的动作发展目标中要求 "5～6 岁幼儿能在斜坡、荡桥和有一定间隔的物体上较平稳地行走，能以手脚并用的方式安全地爬攀登架、网等；能单手将沙包向前投掷 5m 左右"。打怪兽游戏中，幼儿走过摇摆不定的铁索桥，需要控制好手的抓握与身体的协调，才能平稳地、成功地走过桥；幼儿手脚并用爬上轮胎墙，也需要手脚的协调配合和一定的力量；向怪兽投掷 "手榴弹"，锻炼了幼儿的手臂力量。《指南》在社会领域中建议 "鼓励幼儿尝试有一定难度的任务，并注意调整难度，让他们感受经过努力获得的成就感"。幼儿要走过铁索桥、爬过轮胎墙，才能攻打 "怪兽"，这个过程中，幼儿克服一个又一个的困难，最后战胜 "怪兽"，体验到了游戏的乐趣和挑战自我的成功，在不断的游戏、探索中达到了《指南》的目标要求。

5.3　交通岗亭游戏

设计意图及教育意义

幼儿都喜欢正义、威武的警察形象。大班幼儿已经有了一定的社会经验，交通警察指挥动作潇洒、利落，深受幼儿的喜爱。教师可将交警的指挥动作配上《小司机》音乐，引导孩子们在模仿的过程中，亲身体验当警察指挥交通的感受，同时，了解各种手势信号的意义。在游戏中，汽车队和推车队的两队人员，需根据"小警察"的指挥手势，做出向前、停止或者拐弯的动作，由此，锻炼了幼儿的快速反应能力，增强了幼儿遵守交通规则的意识。

一、游戏器械

录音机、《小司机》背景音乐、小推车（见图5.3.1），交通岗亭（见图5.3.2），用旧纸箱、即时贴等自制的小汽车，小交警服装。

图5.3.1

图5.3.2

二、游戏玩法

"小交警"指挥交通，做出停止、直行、减速慢行等手势，动作要求铿锵有力，干净利落。两组车队——汽车队和推车队，根据小交警的指挥手势按交通规则行驶，以此锻炼幼儿按规则听信号走的安全意识（见图5.3.3～图5.3.5）。

图 5.3.3

图 5.3.4

图 5.3.5

三、注意事项

汽车队和推车队的幼儿在前行过程中注意保持距离，以免发生碰撞。

四、建议

教师要给指挥交通的小交警培训，教会他正确的手势，如"停止信号、直行信号、右转信号"等。小交警和汽车队、推车队幼儿可交换角色进行游戏。

✎ 落实《指南》情况

此游戏适合大班幼儿。孩子们都有当警察、当解放军的"英雄情结"，因此，这个有小交警指挥交通、开汽车、运粮情景的交通岗亭游戏，富有童趣，深受幼儿喜爱。

幼儿过马路时，经常会看到交警指挥交通的情景，对警察有崇拜之情，因此都非常乐意扮演小交警的角色。通过教师引导，小交警学会了"直行信号、右转信号、停止信号"等指挥动作，并懂得了指挥动作要准确有力、干净利落，既学到了交通安全知识和指挥手势，又锻炼了手眼协调能力。契合《指南》在健康领域中"结合生活实际对幼儿进行安全教育""帮助幼儿认识常见的安全标志"的要求。汽车队和推车队幼儿，根据小交警的指挥，听信号有秩序地过马路，锻炼了听信号走的能力，培养了规则意识，也锻炼了自控力和快速反应的能力，体验到集体游戏的无限乐趣。契合《指南》在社会领域中"结合社会生活实际，帮助幼儿体会规则的重要性，学习自觉遵守规则""经常和幼儿玩带有规则的游戏，遵守共同约定的游戏规则"的要求。

5.4　农家小院游戏

✎ 设计意图及教育意义

青砖古瓦、喜庆福字、大红的春联、黄灿灿的玉米、红彤彤的辣椒……处处散发着自然、古朴和乡村气息的农家小院为幼儿提供了一个参与农家劳动的场所。

通过在农家小院里搓玉米、剥花生、剥棉花桃、喂小兔等，不仅锻炼了幼儿小肌肉动作的发展，也让他们知道了粮食的来之不易，深深懂得了"粒粒皆辛苦"的道理；同时也感受了农家生活的情趣，开阔了视野，陶冶了情操。

农家小院里的灶台、学做面点师等活动，锻炼了幼儿做家务的能力，促进了幼儿之间的合作和语言的发展。

农家小院里的推石磨、锯木头、打苫子等活动，让幼儿体会到劳动人民的艰辛，感受今天生活的幸福。

让幼儿过过农家生活，体验劳动的乐趣，零距离地接触农家，这对幼儿来说是非常有教育意义的。

一、游戏器械

1. 游戏场地：农家小院一处。矮屋矮墙，小门小窗，一切都根据幼儿的身高比例设置，是幼儿理想的游戏场所（见图 5.4.1 和图 5.4.2）。

图 5.4.1

图 5.4.2

2. 游戏材料：玉米、带壳花生、小石磨、小锯、木条、苫子架、麦子、大米、台钳、麦秆、面团、橡皮泥工具、馍馍模、大红枣、擀面杖、剪刀、彩纸等（见图 5.4.3）。

图 5.4.3

二、游戏玩法

1. 推石磨：把粮食放入磨眼，手持手柄按顺时针方向一圈圈转动，粮食就会通过磨眼流入磨膛，被磨成粉，均匀地分布在四周，从夹缝中流到磨盘上（见图 5.4.4）。

2. 锯木头：先把台钳固定在桌面上，再在台钳上夹结实木条，手拿小锯在木条上来回锯，让幼儿体验小工的快乐（见图 5.4.5）。

3. 打苫子：把一根麦秸放在苫子架上，然后再将一根根拴有玉米瓤的线在麦秸上来回地提，利用玉米瓤的坠力挤压麦秸，每放上一根麦秸，就将所有拴有玉米瓤的线提来提去一遍，如此重复（见图 5.4.6）。

4. 做面点：幼儿利用搓、揉、捏、团等动作，在面里加入红枣、花生等，做出小刺猬、蝴蝶等许多生动有趣的面塑作品（见图 5.4.7）。

5. 搓玉米：幼儿认识玉米，学习用手搓下玉米粒（见图 5.4.8）。

6. 剥花生：幼儿认识花生，学会用手、嘴剥开花生（见图 5.4.9）。

7. 剪窗花：幼儿学习用折、剪等方式剪各式窗花（见图 5.4.10）。

8. 喂小兔：幼儿摘来青菜喂小兔（见图 5.4.11）。

9. 娃娃上灶：幼儿用小锅小灶炒小菜，炒完小菜和大家一起分享食物（见图 5.4.12）。

10. 剥棉花桃：幼儿将棉花桃的外壳去掉，剥出里面白白的棉花（见图 5.4.13）。

图 5.4.4

图 5.4.5

图 5.4.6

图 5.4.7

图 5.4.8

图 5.4.9

三、注意事项

活动之前，教师事先强调各种玩法的规则。活动结束后，提醒幼儿将活动材料整理好，并摆放整齐。

四、建议

农家小院的布置活动可以充分结合当地民俗风情，不同地域布置不同的特色。

图 5.4.10

图 5.4.11

图 5.4.12

图 5.4.13

🖋 落实《指南》情况

　　农家小院游戏适合小中大班幼儿。《指南》在动作发展方面建议："提供画笔、剪刀、纸张、泥团等工具和材料，或充分利用各种自然、废旧材料和常见物品，让幼儿进行画、剪、折、粘等美工活动。"剪窗花、搓玉米、剥花生等游戏能锻炼幼儿手部肌肉的灵活性和协调性。《指南》指出："幼儿园在布置娃娃家、商店等活动区时，多提供原材料和半成品，让幼儿有更多机会参与制作活动。"农家小院系列游戏是一个大型的"娃娃家"，幼儿可以根据自己的意愿选择喜欢的活动，又能感受到传统的农家文化氛围。《指南》还指出："幼儿的社会性主要是在日常生活和游戏中通过观察和模仿潜移默化地发展起来的。"幼儿通过在农家小院里玩推石磨、打苦子、锯木头等游戏感受不同的行业特点，了解各行业的特征，满足幼儿的情感发展和社会性发展需要。

5.5　土战壕游戏

设计意图及教育意义

　　树林中的一片空地，挖一圈小沟，就变成了孩子们眼中进行战斗游戏的掩体——土战壕，再堆上几个装了沙土的编织袋，就更像了。土战壕的设立，既改善了原来场地的空旷，又满足了幼儿进行团体对抗游戏的要求，玩具手枪、小树枝、土块等都可成为幼儿游戏的武器道具。土战壕中的游戏培养了幼儿不怕困难、勇于挑战的意志品质；满足了幼儿进行对抗，争当英雄的心理，同时锻炼了幼儿四肢的力量，以及身体的耐力及控制能力；锻炼了幼儿的跳跃能力，提高了幼儿身体的敏捷性和躲闪能力；另外也让幼儿懂得了战壕对于当年抗日战争的意义，教育幼儿珍惜今天的幸福生活。

一、游戏器械

　　直径为大约 5m 的圆形战壕场地，战壕宽约 0.5m（见图 5.5.1）；装有沙土的编织袋及小玩具手枪若干（见图 5.5.2）。

图 5.5.1　　　　　　　　　　　　　　　　图 5.5.2

二、游戏玩法

　　1. 搭桥：一部分幼儿用手和脚撑在战壕两边，身体横在战壕上方，做桥洞，另一部分幼儿在"桥洞"下钻过（见图 5.5.3 和图 5.5.4）。

　　2. 跳小河：幼儿自战壕的一侧跳到战壕的另一侧（见图 5.5.5）。

3. 对战游戏：一部分幼儿手拿枪，以沙袋等做掩体，埋伏在战壕里，另一部分幼儿手拿枪，在战壕外，进行对战射击游戏（见图 5.5.6）。

4. 抢占山头：两组幼儿比赛，哪组最先登上轮胎山顶即为胜利（见图 5.5.7）。

图 5.5.3	图 5.5.4
图 5.5.5	图 5.5.6
图 5.5.7	

三、注意事项

1. 游戏之前清理好场地，以免树枝、泥地等使幼儿摔倒。

2. 在跨跳时，要先进行热身活动及平地练习。

四、建议

1. 如果场地宽阔，可挖两个土战壕，以便分出敌对双方，并以抢占对方土战壕为胜。

2. 游戏时可分成"训练"和"对抗"两个阶段。"训练"时可进行上面的搭桥、跳小河、抢占山头等游戏，"对抗"时可进行路线的设置，最先到达对方战壕的一方为胜利一方。

✎ 落实《指南》情况

土战壕游戏适合中大班幼儿。《指南》在健康领域的动作发展中要求幼儿"具有一定的平衡能力，动作协调、灵敏"，建议开展丰富多样、适合幼儿年龄特点的各种身体活动，如走、跑、跳、攀、爬等，鼓励幼儿坚持下来，不怕累。《指南》在社会领域中建议"幼儿园应多为幼儿提供需要大家齐心协力才能完成的活动，体会合作的重要性，学习分工合作"；5～6岁幼儿"知道国家一些重大成就，爱祖国，为自己是中国人感到自豪"。土战壕游戏中的搭桥、跳小河、抢占山头等活动，发展了幼儿的跳、攀、爬等能力以及身体的协调性和灵敏性。同时，在游戏中，幼儿通过分工确定"敌方"和"我方"，明确大家的任务和游戏要求，齐心协力为抢占山头、夺取胜利而努力，培养了幼儿不怕困难、勇于挑战的意志品质。土战壕情景游戏为幼儿"重现"了当年的激烈战争场面，对于幼儿的爱国主义教育和激发幼儿爱家乡、爱祖国的情感是非常重要和必要的，相信通过土战壕游戏以及爱国主义教育片的观看，会让幼儿明白今天的幸福生活是来之不易的，从而更加珍惜今天的美好生活，并萌发民族自豪感和自尊心。

5.6 钻 山 洞

✎ 设计意图及教育意义

幼儿园里的小土山有它独特的教育价值。在山底打一隧洞，黑黑的、长长的，取名"阿里巴巴洞"，增强了趣味性，也暗示幼儿学习阿里巴巴的勇敢精神。此洞可有一个入口和两个出口，幼儿可以钻进钻出，洞的上面是小土山，可以玩爬山坡、跑下山等游戏，锻炼幼儿对身体的自控能力。借助山势设置滚筒洞、滚筒滑梯等项目，充分利用了地形优势，既能让幼儿克服怕黑的心理，培养勇敢的品质，同时也锻炼了幼儿的攀爬、钻爬、平衡等能力。

一、游戏器械

1. 山洞：用直径为 0.5m 的下水道管铺在山底，中间有分支，两个出口（见图 5.6.1 和图 5.6.2）。

2. 滚筒滑梯：将纯净水桶用麻绳和木棍连接做成滑梯状。

3. 滚筒洞：将直径为 1m 的塑钢滚筒横放，与山坡一侧进行固定，成为滚筒洞。

图 5.6.1

图 5.6.2

二、游戏玩法

1. 大胆钻洞：幼儿排成一队，一个跟一个地钻洞（见图 5.6.3）。幼儿既可以膝盖着地爬，也可以四肢着地往里爬，以不碰头为宜。

2. 上山了：幼儿可徒手也可拿玩具，待老师的指令发出，一起往山上爬，看谁爬得快（见图 5.6.4）。

3. 滚筒滑梯：幼儿沿着滚筒滑梯依次滑下或者从滚筒滑梯下方依次向上攀爬（见图 5.6.5 和图 5.6.6）。

4. 钻滚桶洞：幼儿在小山上面的滚筒里自由钻爬（见图 5.6.7 和图 5.6.8）。

图 5.6.3

图 5.6.4

图 5.6.5

图 5.6.6

三、注意事项

1. 幼儿在洞内应匍匐前进。

2. 上山坡时重心前倾，脚下踏稳。

3. 玩滚筒滑梯时应注意保持身体平衡。

图 5.6.7

图 5.6.8

四、建议

可加上木枪、棉布垫、沙包等辅助材料玩角色游戏，如抢占山头、转移枪支粮食等战争游戏，爬上滑下的竞赛游戏、藏宝游戏等。

✎ 落实《指南》情况

钻山洞游戏适合小中大班幼儿。《指南》在健康领域的动作发展目标中要求幼儿"具有一定的平衡能力，动作协调、灵敏"，爬山坡、下山坡的活动可锻炼幼儿对身体的自控能力。幼儿从山洞钻进钻出，同时，借助山势设置的滚筒洞、滚筒滑梯等，锻炼了身体协调能力。幼儿在不断的游戏、探索中达到了《指南》的目标要求。另外，此洞名来源于阿拉伯故事《阿里巴巴和四十大盗》，幼儿非常喜欢故事情节，在游戏中，进洞之前有的幼儿还大喊："芝麻，芝麻，开门吧！"童趣盎然，符合幼儿爱听故事、好模仿的特点，契合《指南》语言领域的教育建议："有意识地引导幼儿欣赏或模仿文学作品的语言节奏和韵律。"

第六篇

其他游戏

6.1 滚 筒

设计意图及教育意义

一种游戏器材可以开发出多种玩法，如滚筒。滚筒安全方便，是可以一物多玩的典型代表。在推的过程中如果双手用力不均会导致滚筒偏离方向或者歪倒，熟练后才可以双手均匀用力，掌握好方向，锻炼了幼儿的臂力和方向感。同时，蜗牛爬也锻炼了幼儿手脚协调并用的能力，合作抬滚筒提高了幼儿的相互信任度，培养了幼儿沟通和交往的能力。推推乐更具挑战性：其一，在里面做前滚翻动作，需要平衡能力极强才不会从里面滚出来；其二，手脚分开撑住使自己紧贴在滚筒上，需要双臂和腿部用力才可以做到，从而锻炼了幼儿的平衡能力和四肢的力量。

一、游戏器械

直径约 1m 的塑料滚筒。

二、游戏玩法

（一）单人滚筒比赛

一人双手推滚筒前进。可将幼儿分成几组，进行推滚筒比赛（见图 6.1.1）。

（二）两人玩滚筒

两个幼儿面对面，互相推着玩（见图 6.1.2）。

（三）合作抬滚筒

把滚筒平放，2~4 个幼儿进入到滚筒里面，一起把滚筒抬起来并运到指定地点（幼儿人数越多难度越大），还可以多组进行比赛（见图 6.1.3）。

（四）蜗牛爬

幼儿蹲进滚筒里面，通过双手不断用力推滚筒内壁，双脚也随着前进，使滚筒向前滚动（见图 6.1.4）。

（五）推推乐

一名幼儿进入滚筒里，双手和双脚撑在滚筒壁上，由另外一名幼儿推着向前进；或者滚筒里面的幼儿在滚筒里做前滚翻的动作使滚筒前进，外面的幼儿帮助他掌握方向（见图 6.1.5）。

图 6.1.1

图 6.1.2

图 6.1.3

图 6.1.4

图 6.1.5

三、注意事项

1. 合作抬滚筒时如果手放在滚筒的下面抬，那么放的时候一定注意不要压着手。

2. 在玩蜗牛爬和推推乐的时候，小朋友的手指只能在滚筒里面，放到外面容易压到手。

3. 在玩推推乐时里外小朋友的方向及力量要一致。

四、建议

滚筒亦可用其他材质的圆筒状物品所代替，如废弃的线缆辊子（废品站可买）。

落实《指南》情况

《指南》在健康领域的动作发展目标中要求幼儿"动作协调、灵敏""具有一定的力量和耐力"，并在教育建议中提倡鼓励幼儿利用多种活动发展身体平衡和协调能力、发展幼儿动作的协调性和灵活性。在社会领域中建议幼儿"在具体活动中体会合作的重要性，学习分工合作"。滚筒游戏中，幼儿进行推、抬、爬、滚等动作的练习，锻炼了方向感、平衡能力、手脚协调能力和四肢的力量。幼儿在合作中体验了游戏的快乐，获得了满足和成功感，达成了《指南》的目标要求。

小班幼儿侧重于推滚筒，当幼儿熟练后，可以进行单人滚筒比赛和两人玩滚筒活动，锻炼了幼儿的手脚协调能力、方向感和合作能力。中班幼儿侧重于抬滚筒和蜗牛爬活动，锻炼了幼儿的合作能力及身体的协调性和灵活性。大班幼儿主要侧重于推推乐，锻炼了幼儿身体的协调性及灵敏度，使得幼儿在合作中体验了快乐、满足和成功感。

6.2　磨　磨　乐

✎ 设计意图及教育意义

石磨，这个千百年来在民间广泛应用的劳动工具，如今早已从人们的生活里淡出。但是，在利津一幼，它却成了孩子们感受民俗文化、锻炼体魄、体验力量的"新型玩具"。

推磨时，幼儿要用手抓紧木棍，双脚用力蹬地，双臂使劲往前推才能使石磨转动起来，锻炼了幼儿的力量和耐力。另外，推同一个木棍的几个小朋友要团结合作，劲往一处使，培养了幼儿间的团结意识和协调能力。同时，幼儿也对粮食的加工过程有了最初的认识和了解。

一、游戏器械

石磨：在砖头堆砌的直径 1m、高 1m 的圆墩上放上直径为 1.3m 的木头圆盘为底座，在底座上放置两块直径 0.65m、厚 0.2m 的圆石，上面的圆石中间留有两个直径为 0.1m 的小圆孔做磨眼，圆石两边用铁丝固定上长 1.2m 的木棍（见图 6.2.1）。

图 6.2.1

二、游戏玩法

（一）推磨

1. 请一名幼儿感受推动石磨需要的力度，周围幼儿观察一人能否推动石磨。

2. 请两名幼儿手持木棍的两端，你追我赶，观察石磨转动速度的快慢。

3. 请幼儿分成两组协作，感受劲往一处使的力量，同时请幼儿观察比较这次的石磨转动速度，感受团结协作的快乐（见图 6.2.2）。

（二）磨粮食

1. 幼儿将玉米、小麦、高粱或其他粮食放在石磨磨眼处。

2. 两组小朋友各执木棍一端，一前一后齐心协力推磨（见图 6.2.3 和图 6.2.4）。

3. 随着石磨的转动，碾碎的粮食粒纷纷落下，幼儿兴奋地欢呼起来"玉米变成小碎粒了""待会儿我们就可以拿到厨房蒸馒头了"。幼儿还随时将洒落的粮食粒收集起来，放到磨眼处继续研磨，直至磨成玉米面（见图 6.2.5）。

图 6.2.2

图 6.2.3

图 6.2.4

图 6.2.5

三、注意事项

1. 幼儿推磨时注意用磨棍前端顶住磨盘，体验杠杆的作用。
2. 随着石磨的转动，提醒幼儿快速收集碾碎的粮食。

四、建议

可以在幼儿园场地的一角专门堆砌制成石磨，并搭制小木棚营造磨坊的氛围。

✎ 落实《指南》情况

推石磨适用于大班幼儿。《指南》在健康领域中提到幼儿应"具有一定的力量和耐力"，推石磨要求幼儿两手使劲向前，用上全身的力气，才能推动石磨，而且要想磨出粮食面，更是需要一定时间的坚持，所以很好地锻炼了幼儿的力量和耐力。

《指南》社会领域中建议"幼儿园应多为幼儿提供需要大家齐心协力才能完成的活动，让幼儿在具体活动中体会合作的重要性"。推石磨要求大家劲往一处使，特别是推同一个木棍的几个小朋友更要团结合作，步幅、力度都要相互配合。同时，收集粮食和打扫石磨的幼儿还要跟上推磨幼儿的速度，就跟走旋转门一样，还要能随时进出，及时准确地把需要磨的粮食送到磨眼处，整个磨粮食的过程有推磨、扫磨、筛粮食等多工种配合，培养了幼儿间的团结意识和协调能力。

《指南》艺术领域的目标中明确提出要"让幼儿欣赏多种多样的艺术形式和作品"，"要利用传统节日和民间庆典的机会，带幼儿观看或共同参与传统民间艺术和地方民俗文化活动"，而推石磨作为我国传统的农业生产活动有利于幼儿对农业生产的了解，感受古代劳动人民的智慧，促进了中国传统文化的发展和传承。另外，幼儿在推石磨过程中对粮食的加工过程有了最初的认识和了解，契合了《指南》科学领域中"在探究中认识周围事物和现象"的目标要求。

6.3 投　球

✏ 设计意图及教育意义

我园把篮板变成可爱的卡通动物头像，突出大嘴巴，像是要吞掉投来的篮球，并且球筐高度不一，错落有致，照顾到了幼儿的个体差异，所以在我园内，投球也是一项深受幼儿喜爱的体育活动。

在投球游戏中，幼儿可以按照自己的意愿把球投入喜欢的小动物"口"中，培养了幼儿手眼协调的能力，锻炼了手腕的力量。还可以将幼儿进行分组，组织投球比赛活动，培养幼儿的计数能力和团结合作的意识。

一、游戏器械

动物投篮架：在长 10m、高 2.5m 的铁架上，分别安装高 1.4m、1.5m、1.6m 的画有动物头像的篮板（长 1m、宽 0.75m、厚 0.05m），篮板上装有直径约为 0.5m 的圆铁环作为球筐（见图 6.3.1）。

图 6.3.1

二、游戏玩法

1. 幼儿自由投球。幼儿手拿篮球，瞄准球筐，向球筐投球（见图 6.3.2）。

2. 一对一比赛，比比谁进球多，或幼儿分成两组，比比哪队进球多（见图 6.3.3）。

三、注意事项

投篮过程中，教师提醒幼儿及时躲避飞落的篮球。

四、建议

可以在幼儿园场地的一角焊制专门的铁架子用作篮筐。如果幼儿园有几棵大树，可选择将篮筐安置在大树旁边，夏天不至于太热。

图 6.3.2

图 6.3.3

落实《指南》情况

　　此游戏适合中大班幼儿。《指南》中指出"健康是指人在身体、心理和社会适应方面的良好状态""发育良好的身体、愉快的情绪、强健的体质、协调的动作、良好的生活习惯和基本生活能力是幼儿身心健康的重要标志",并建议"为幼儿准备多种体育活动材料"。为了让幼儿有一个健康的身体和愉快的情绪体验,我们设计了不同高度的投篮架,力争让每一个幼儿都能有成功的体验和快乐。幼儿特别喜欢投球活动,每一个幼儿都能体验进球的快乐,他们会自豪地数着自己进了多少个球。为了提高幼儿活动的积极性和兴趣,我们把投篮架设计成可爱的卡通动物形象,幼儿投篮时就像在给小动物喂食,在轻松快乐的情景下达到了锻炼身体的目的。《指南》在健康领域的动作发展目标中要求幼儿"具有一定的力量和耐力""4～5 岁幼儿能单手将沙包向前投掷 4m 左右;5～6 岁幼儿能单手将沙包向前投掷 5m 左右"。在投球游戏中,我们将沙包换成了篮球,幼儿站在篮筐下投篮,需要一定的臂力和准确性,锻炼了幼儿上肢的力量和耐力,在投球过程中也能体会到成功的喜悦,增强自信心。

6.4　转　筒

✐ 设计意图及教育意义

　　一个个圆滚滚的纯净水桶是为幼儿所熟悉的。简单的纯净水桶用铁管穿起来，再加上不同的装饰，就做成了高低不同、排列不同、花样不同的玩具。纯净水桶可向家长或水厂征集或购买废旧不用的，铁管可向五金店或废品站收购，材料易得而便宜。这一玩具具有开放性、玩法多样性等特点，能够吸引孩子们的兴趣。幼儿乐此不疲，在不断探索的过程中能得到多方面的锻炼。

　　1. 锻炼幼儿的协调性和四肢的力量，幼儿在玩的过程中手脚并用，可很好地锻炼幼儿双手的协调性、手脚的协调性和快速反应的能力，同时还可锻炼幼儿手眼的协调能力，用脚转筒和跳跃转筒也锻炼了幼儿双腿的力量。

　　2. 培养幼儿团结合作的能力。在玩转筒游戏时，多个小朋友同时转，要求小朋友们找到适合自己的地方，还不能打扰别人，既要同时转又要求不能随便停下，一个人停下全组就会受到影响，所以说多人转时培养了幼儿团结合作的能力。

　　3. 发展幼儿的想象力和创造力。转筒不同的装饰图案在转动时会出现不一样的视觉效果，转的速度不同效果也不一样。幼儿观察装饰图案的不同，体验转筒快慢带来的不同变化，在观察、体验、思考的同时，发展了想象力、创造力。

一、游戏器械

　　各种大小不同的转筒和大的垫子。转筒是用水管穿起纯净水桶设置成不同造型做成的。其中矮转筒两个，适合幼儿躺在垫子上用脚蹬；高转筒两个，适合幼儿跳起来摸，还有一般的转筒，适合幼儿站着或蹲着转（见图6.4.1～图6.4.3）。

二、游戏玩法

（一）脚蹬转筒

　　高低不同的两只转筒，幼儿可手拨（见图6.4.4），也可躺在地垫上面，两只脚轮流蹬转筒，比赛谁转得快一些（见图6.4.5）。

（二）比赛快慢

　　幼儿可进行转筒比赛，还可根据转筒转动的快慢，观察比较转筒上面呈现的花纹的不同景象（见图6.4.6和图6.4.7）。

图 6.4.1 | 图 6.4.2

图 6.4.3 | 图 6.4.4

图 6.4.5

图 6.4.6

图 6.4.7

（三）一人转仨筒

幼儿一人转动一个筒，也可以同时转动三个筒，并保证三个筒同时转动很长时间（见图 6.4.8）。

（四）欣赏花纹变化

幼儿站立于转筒旁边，分别转动上中下三个转筒，比较转筒因转动的快慢不同，而使转筒上的花纹呈现出的不同景象；也可以几个小朋友同时玩转筒，比较转筒转速的快慢（见图 6.4.9）。

图 6.4.8

图 6.4.9

（五）跳跃转动

高低两个不同的转筒，适合不同身高的幼儿，幼儿可以通过跳跃拨动转筒（见图 6.4.10）。

图 6.4.10

三、注意事项

1. 制作这一器械时，底座一定要牢固，不能因为幼儿的用力转动而使它倾斜、歪倒。

2. 幼儿在玩的过程中要有一定的秩序性，有利于幼儿充分地参与游戏和探索。

四、建议

1. 转筒适合少数幼儿玩，因此建议补充其他活动器械，分组轮流玩，或供幼儿自愿选择。

2. 可以在转筒上加一点小的能飘起来的装饰（注意安全），比如小绒线球、彩纸、羽毛等，转动转筒力量的大小不同，小装饰品会呈现幅度不同的飘动，以此增加游戏趣味性和直观性。

✎ 落实《指南》情况

此游戏适合小中大班幼儿。《指南》在健康领域的动作发展目标中要求幼儿"具有一定的平衡能力，动作协调、灵敏"，并在教育建议中指出"要利用多种活动发展身体平衡和协调能力"。在转筒游戏中，幼儿分别用脚蹬、手转等多种方式转动转筒，并探索出跳跃转动、一人转多个筒等多种新玩法，培养了幼儿的创新精神。在玩转筒的过程中，对幼儿双手、双脚、身体的协调能力要求很高，并且还需要幼儿集中注意力。转筒转动过程中，转的速度不同，转筒上呈现的花纹也不同，根据转筒的转动速度能发现筒上花纹的变化，激发了幼儿的探究兴趣，使其体验了探究过程，发展了幼儿初步的探究能力。因此，在不断的游戏、探索中达成了《指南》的目标要求。

6.5 拳击沙袋

✎ 设计意图及教育意义

拳击沙袋主要锻炼幼儿的臂力。通过击打沙袋，可以锻炼幼儿手臂的爆发力及快速反应能力，还可以使幼儿发泄不良情绪，释放自我，起到减压的作用，感受拳击的快感与乐趣。

一、游戏器械

长约 0.6m，直径约为 0.3m 的沙袋，悬挂于离地面 0.3m 处（见图 6.5.1）。

图 6.5.1

二、游戏玩法

1. 幼儿用手击打沙袋（见图 6.5.2）。
2. 用脚踢沙袋（见图 6.5.3）。
3. 用膝顶沙袋（见图 6.5.4）。

4. 抱荡（见图6.5.5）。幼儿双脚跳起，同时身体上跃抱住绳索，双腿盘在沙袋顶端，利用自身的冲力使沙袋荡起来；还可玩躲闪游戏。

5. 幼儿集体玩沙袋（见图6.5.6）。

图6.5.2	图6.5.3
图6.5.4	图6.5.5
图6.5.6	

三、注意事项

1. 要避免沙袋被推出，以防回落时打伤幼儿。
2. 玩沙袋时人数不要太多，并保持一定的距离。

四、建议

1. 沙袋占用空间比较小，可以见缝插针地放置，比如大树下、比较结实的玩具架旁、葡萄架下、长廊里等，最大限度地利用空间，丰富幼儿的活动。

2. 悬挂式的沙袋还可以让幼儿体验沙袋摆动与自己用力的关系；或者探索让沙袋变换不同的运动轨迹。

✎ 落实《指南》情况

《指南》中"身心状况"部分的目标要求幼儿"具有一定的适应能力"；与之相对应的教育建议是：让幼儿适应轻微的摆动、旋转，促进其平衡机能的发展。"动作发展"部分的目标要求幼儿"具有一定的平衡能力，动作协调、灵敏"；与之相对应的教育建议是："利用多种活动发展身体平衡和协调能力；发展幼儿动作的协调性和灵活性。"在此游戏中，首先，幼儿在用脚踢、用膝盖顶的玩法中，手脚并用，用不同的力度使沙袋不同幅度地荡来荡去，还不断用眼睛判断，用身体验证，发展了幼儿的身体平衡能力和协调能力，促进了其平衡机能的发展。其次，《指南》在"动作发展"部分还要求幼儿"具有一定的力量和耐力"。幼儿在击打过程中锻炼了手臂、腕部及指关节的力量和耐力。再次，《指南》中"生活习惯与生活能力"部分目标要求幼儿"具备基本的安全知识和自我保护能力""4～5岁幼儿运动时能主动躲避危险""5～6岁幼儿运动时能注意安全，不给他人造成危险"。在多人玩和抱荡躲闪过程中，幼儿不仅要时刻注意自身不被沙袋碰撞，而且要注意自己击打和抱荡的方位尽力躲避开自己的小伙伴，以免给他人带来伤害。这些既需要幼儿对自己的力量和沙袋有所控制，又要求幼儿有安全意识，在多次玩的过程中达到了指南的目标要求。

对于小班的幼儿侧重激发其击打兴趣，注重手的交替进行，锻炼其上臂力量，体验玩沙袋带来的身心愉悦；中大班的幼儿主要是发展上肢和腿部力量及训练协调性、灵活性，发泄负面情绪，体验活动带来的快乐。

6.6 打 地 鼠

设计意图及教育意义

小老鼠是幼儿喜欢的动物形象，小老鼠的机灵、敏捷也深入人心。为此，我们设计了此游戏。游戏过程中，打地鼠的幼儿要攥紧软锤，快速敲击不断露头的"小地鼠"，锻炼了反应能力以及手眼协调的能力。"小地鼠"们则要随时观察周围情况，大胆探出头来，锻炼了其勇敢精神。另外，"小地鼠"们站起来后，为躲避被打还要迅速蹲下，锻炼了他们的快速蹲起能力。

一、游戏器械

鼠洞架一个、软锤两个（可到游戏器材店购买）（见图 6.6.1）。

二、游戏玩法

两名小朋友手拿软锤做打地鼠者，其他小朋友扮"小地鼠"藏于鼠洞架下。游戏开始时，"小地鼠"迅速从洞中钻出头，并快速拍响铃铛。打地鼠者用软锤敲击钻出来的"小地鼠"，"小地鼠"则快速蹲下（见图 6.6.2 和图 6.6.3）。

图 6.6.1

图 6.6.2

图 6.6.3

三、注意事项

游戏时，打地鼠者不可太过用力去敲打"小地鼠"的头，以软锤触碰头部为准；"小地鼠"也不得擅自离开自己的领域，以免游戏时发生碰撞。

四、建议

幼儿不要太多，不用每个洞口都有人，这样幼儿才有足够的空间在下面快速移动变换位置。

✎ 落实《指南》情况

打地鼠游戏适合中大班幼儿。《指南》中要求幼儿"动作协调、灵敏"，建议"利用多种活动发展身体平衡和协调能力"。打地鼠游戏让幼儿轻松愉快地进入游戏情景，幼儿想象自己是一只灵活无比的小老鼠。在游戏中，幼儿需要及时躲闪、下蹲，锻炼了反应能力，增强了动作灵活性、协调性，同时可以锻炼幼儿的下肢力量。整个活动中每位幼儿都能积极地参与其中，感受到集体游戏的快乐，契合了《指南》中幼儿能"在群体活动中积极、快乐"的要求。

6.7 你拉我扯

✏ 设计意图及教育意义

你拉我扯游戏简单易行，可简可繁，随时可做，特别适宜在气温较低的季节作为健身运动。从运动量来说，调节起来非常简单，可谓是耗时少、耗能大的有氧运动。在相互扯动的过程中，幼儿的双腿要用力支撑，腰要紧绷，身体尽量前倾，坚持到底才能取得胜利。游戏过程中，锻炼了幼儿的腿部、腰部力量，培养了幼儿坚韧不拔、努力拼搏的良好意志品质。

图 6.7.1

一、游戏器械

将皮筋用布进行包裹并缝制成3~4cm 粗的布皮筋、塑料球若干、塑料筐若干、中间标志线（见图 6.7.1 和图 6.7.2）。

二、游戏玩法

1. 两名幼儿站在固定区域内，把布皮筋套在腰上，分别向相反的两个方向拉扯，奋力靠近自己面前装球的篮子，把篮子里的球扔到对面小朋友的篮子里，最先把球全部扔进对面小朋友篮子里的为胜利者（见图 6.7.3 和图 6.7.4）。

2. 在地上画一个大圆圈，两个小朋友背对背拉扯，谁先出圈谁胜（见图 6.7.5）。

三、注意事项

游戏应选在开阔的草地或者地垫上进行，向幼儿讲清楚皮筋应该放置在腰部，待教师发出"开始"口令后方可用力，同时提醒幼儿游戏中不能突然停止用力，要

图 6.7.2

等到教师发出"停止"口令后才可以，以免突然摔倒。

图 6.7.3

图 6.7.4

图 6.7.5

四、建议

1. 布皮筋的制作要合适，不能太细，以免勒伤幼儿或被扯断。
2. 可以在地面上以两条直线或其他形式为界，谁先出去谁胜利。
3. 可进行三人拉、四人拉等。

✎ 落实《指南》情况

你拉我扯游戏适合中大班幼儿。《指南》在健康领域学习与发展目标中提出幼儿应"具有一定力量和耐力"。力量是身体运动的基础。依据幼儿的年龄特点，幼儿阶段需要发展的是有氧耐力。游戏中，幼儿的双腿和腰身都要协调、坚持用力，而且用力要大，才能获得胜利，不仅发展了幼儿的力量和耐力，也培养了幼儿坚持到底，不轻言放弃的良好品质。此外，幼儿听到教师指令后才能开始游戏，锻炼了幼儿听信号做动作的能力，培养了幼儿的规则意识。

6.8　诸葛秤游戏

✎ 设计意图及教育意义

诸葛秤是一种体力与智力相结合的游戏，在游戏过程中能锻炼幼儿的臂力，加深幼儿对力和平衡的了解；在玩游戏的过程中，幼儿相互合作，既体验到了游戏的快乐，又感受到了人类智慧的伟大。

一、游戏器械

诸葛秤（见图 6.8.1 和图 6.8.2）。

图 6.8.1 　　　　　　　　　　　　　　　　　　图 6.8.2

二、游戏玩法

1. 幼儿抓住秤杆一侧的绳子，用力向下拽，看能否让另一侧带有石头的秤翘起来，尝试探索抓哪根绳子更容易让秤翘起来（见图 6.8.3～图 6.8.5）。

2. 秤杆两侧各分配几名幼儿，不断变化人数，体验诸葛秤的重量因人数不同而发生的变化（见图 6.8.6 和图 6.8.7）。

三、注意事项

在玩游戏的过程中，幼儿可以顺着从左到右，或者从右到左的顺序，依次进行体验，而且在增加游戏人数的过程中，也要注意依次增加，这样幼儿更能比较直观地体验到绳子的远近、所用力量、身体重量等与诸葛秤之间的关系。

图 6.8.3

图 6.8.4

图 6.8.5

图 6.8.7

图 6.8.6

四、建议

可根据幼儿的力量大小改变"秤杆"的长短以及"秤砣"的重量。

✐ 落实《指南》情况

诸葛秤游戏适合中大班幼儿。《指南》在科学领域的科学探究目标中指出幼儿应"亲近自然,喜欢探究,探索中有所发现时感到兴奋和满足",建议"为幼儿提供一些有趣的探究工具,用自己的好奇心和探究积极性感染和带动幼儿"。《指南》还指出"幼儿科学学习的核心是激发探究兴趣,体验探究过程,发展初步的探究能力"。《指南》在健康领域的动作发展目标中要求4~5岁幼儿"能双手抓杠悬空吊起15秒左右";在社会领域中建议"向幼儿介绍反映中国人聪明才智的发明和创造,激发幼儿的民族自豪感"。诸葛秤游戏是对幼儿体力与智力的考验,幼儿在游戏中探究,在游戏中发现,在相互合作中感受到人类智慧的伟大。

对于小班幼儿侧重激发其探索兴趣,锻炼其双手抓杠悬空吊起的能力;中大班幼儿侧重于探究能力的发展,使其在探究中锻炼臂力,体验兴奋和满足、快乐,并激发其对传统文化的了解和认识,感受人类的伟大智慧。

6.9 躲流弹

设计意图及教育意义

此游戏娱乐性强，不受时间、空间、地点等的限制，寓游戏性、趣味性、运动性于一体。

游戏时幼儿需灵活调控自己身体各部分的动作，如跳起、转弯、扭转身体等动作，以躲避飞来的"流弹"，从而达到获胜的目的。在玩游戏的过程中，躲流弹的幼儿增强了应变能力、躲闪能力，同时也培养了动作的协调性和灵巧性；扔流弹的幼儿则需手臂具备一定的力量，练习了幼儿的臂力，而且还要判断怎样能出其不意地击中目标，所以还能有效提高幼儿的观察、反应和判断能力。

一、游戏器械

篮球、宽阔的塑胶场地。

二、游戏玩法

1. 幼儿在老师带领下有秩序地排成一队走成一个圆圈，坐在地上（见图 6.9.1 和图 6.9.2）。

图 6.9.1

图 6.9.2

2. 一部分小朋友扮演躲流弹者，进入圈中间，圈上的小朋友则对他们进行"攻击"，被打中的需表演节目（见图 6.9.3）。

3. 开始游戏，先用一个篮球游戏，小朋友必须用跳起、扭转身体等动作躲过滚向自己的篮球（见图 6.9.4 和图 6.9.5）。

4. 游戏进行了一段时间后，可加入一个篮球，用两个篮球进行游戏（见图 6.9.6 和图 6.9.7），两个篮球进行游戏难度增加了，小朋友需集中注意力玩游戏。

5. 再加入一个篮球，用三个篮球进行游戏，小朋友要躲开从三个方向来的"流弹"（见图 6.9.8 和图 6.9.9），游戏难度更大了，孩子们玩得更开心了！

6. 躲流弹坚持到最后的小朋友就是胜利者，大家要把最热烈的掌声送给他（见图 6.9.10 和图 6.9.11）。

三、注意事项

1. "流弹"需贴着地面滚动，不要高高地抛起来。

2. 提醒"躲流弹"的幼儿注意从各个方向打向自己的"流弹"，以防被击中。

四、建议

根据幼儿人数多选几名"躲流弹"，可以用 2～3 个"流弹"同时进行。

✎ 落实《指南》情况

躲流弹游戏适合大班幼儿。《指南》在健康领域的动作发展中要求 5～6 岁幼儿"能躲避他人滚过来的球或扔过来的沙包"；建议开展丰富多样、适合幼儿年龄特点的各种身体活动，鼓励幼儿坚持下来，不怕累。在社会领域中建议幼儿园应多为幼儿提供需要大家齐心协力才能完成的活动，让幼儿在具体活动中体会

图 6.9.3

图 6.9.4

图 6.9.5

图 6.9.6

合作的重要性。躲流弹游戏中，躲球的幼儿要快速地做出反应，身体才能灵活、协调地躲避滚过来的球，滚球的幼儿也要集中精力、迅速将球滚向躲球的幼儿，此过程很好地锻炼了幼儿身体动作的灵活性和协调性。同时，在幼儿不断滚球和躲球跳跃的过程中，锻炼了幼儿的快速反应能力。躲流弹游戏是一个集体性的活动，幼儿在游戏中培养了合作能力、规则意识，达成了《指南》的目标要求。

图 6.9.7	图 6.9.8
图 6.9.9	图 6.9.10
图 6.9.11	

6.10　翻骰子

设计意图及教育意义

翻骰子游戏是根据骰子的特点设计的。在游戏中，孩子们积极参与，兴趣盎然，在感受喜悦的同时，也获得了满足。通过探索翻骰子游戏的多种玩法，培养了幼儿的观察力以及听信号快速反应的能力，加深了幼儿对颜色的认识，同时培养了幼儿的合作能力。

一、游戏器械

用边长为 40cm 的正方形地垫，每 6 块做成一个骰子（若干），其中骰子周围四块为黄色，顶部和底部分别为红、蓝两色。

二、游戏玩法

1. 将幼儿分成两组，按照口令"蓝色"或"红色"，幼儿迅速把骰子相应颜色的一面翻到上面，快者为胜利者（见图 6.10.1）。

2. 幼儿每人拿三个骰子，根据口令"红色"或"蓝色"，幼儿把三个骰子都翻成相应颜色，快者为胜利者（见图 6.10.2）。

3. 设定一个起点和一个终点，每个幼儿拥有相同数量的骰子，在一定时间内，最先把所有骰子翻滚到指定地点者为胜利者（见图 6.10.3）。

图 6.10.1

图 6.10.2

图 6.10.3

三、注意事项

骰子的制作应当牢固，可以用铁丝将地垫绑在一起，游戏的场地要比较宽阔，便于幼儿进行游戏。游戏过程中应当严格按照教师的口令"开始"和"停止"游戏。

四、建议

1. 制作骰子的材料也可选择废旧纸箱等，充分废物利用。
2. 根据幼儿年龄特点可改变骰子的大小、颜色等。

📝 落实《指南》情况

翻骰子游戏适合小中大班幼儿。《指南》在科学领域中建议引导幼儿注意观察生活物品的图形特征，鼓励他们按形状分类整理物品；能对事物或现象进行观察比较，发现其相同与不同；支持幼儿与同伴合作探究与分享交流，引导他们在交流中尝试整理、概括自己探究的成果，体验合作探究和发现的乐趣。翻骰子游戏中，幼儿根据骰子的颜色进行翻转，加深了幼儿对颜色的认识，培养了幼儿的观察力以及听信号快速反应的能力。幼儿在游戏中和同伴交流、讨论如何又快又准地翻骰子，分享自己的经验，对幼儿的语言发展、经验总结、成果概括都是一个有力的促进和提升的过程。

6.11　抛流星球

✏ 设计意图及教育意义

　　球类一直是幼儿喜爱的，给小球装上"尾巴"，就变成了色彩鲜艳的流星球。流星球可对幼儿的视觉产生强烈的冲击，特别是抛出后飘动的长长的"尾巴"，更是大大激发了幼儿的游戏兴趣和主动性。幼儿在游戏过程中探索出多种玩法，也在各方面得到了锻炼和发展。首先，在抛彩球的过程中，幼儿的眼睛能够不断地跟着彩球的起伏变化，锻炼了目测能力。其次，躲避彩球也提高了幼儿身体的灵敏性。再次，幼儿旋转流星球的过程中能很好地控制和保持身体的平衡性。最后，结合儿歌的抛接球运动使幼儿学会了正确使用臂力和腕部力量，从而加强了控制和调整身体力量的能力。另外，在练习踢"毽子"的过程中能很好地锻炼幼儿的下肢协调性，对锻炼幼儿单脚着地时保持平衡有很好的帮助作用。

一、游戏器械

　　用色彩鲜艳的方布包裹棉絮或报纸球，直径约 0.1m，并用长约 1m 的彩带系住，做成流星球若干，可放于篮子中便于取放，再找一宽阔场地即可（见图 6.11.1 和图 6.11.2）。

二、游戏玩法

　　1. 踢"毽子"：幼儿用手提拉着绳子一端，练习踢"毽子"（见图 6.11.3），锻炼了幼儿下肢动作的协调性。

　　2. 抛彩球：幼儿相互抛接彩球，向篮筐中投球，并躲避以便不被彩球打到（见图 6.11.4 和图 6.11.5），提高目测能力及身体的灵敏性。

　　3. 陀螺转转转：幼儿手拉细绳顺着一个方向旋转流星球数圈后，投向远处或投入篮筐里（见图 6.11.6 和图 6.11.7），发展幼儿的平衡能力。

　　4. 流星球飞天：结合火箭飞上天的儿歌："火箭火箭真神气，高高飞到太空去，我是火箭发射手，小手举高做准备，一二三飞出去"，幼儿手拉流星球的绳子，向上抛出流星球，看看谁的流星球飞得高（见图 6.11.8）。

图 6.11.1

图 6.11.2

图 6.11.3

图 6.11.4

图 6.11.5

图 6.11.6

图 6.11.8

图 6.11.7

三、注意事项

1. 玩流星球的场地要宽阔。幼儿之间的间隔要大一些，以免相互碰撞或被球打到。

2. 用来投球的篮筐可用圈或滚筒等代替。

四、建议

1. 流星球的颜色要鲜艳，尽量用发亮的绸布或漂亮的花布，大小轻重以幼儿好扔为标准。

2. 玩流星球时，可根据幼儿特点设计多个游戏，如炸碉堡（扔往指定地点）、彗星飞等，增加趣味性。

✎ 落实《指南》情况

流星球游戏适合于各年龄段幼儿。《指南》在健康领域动作发展目标的教育建议中提出："鼓励幼儿进行跑跳、钻爬、投掷等活动。"将流星球旋转数圈后扔入篮筐、向天上抛、互相抛接彩球等玩法，发展了幼儿的投掷能力和手臂的力量。小中大班幼儿可以根据年龄特点选取流星球的游戏玩法，由于幼儿手臂力量的不同，中大班幼儿更适合玩流星球飞天、炸碉堡。在创新玩法炸碉堡中，幼儿感知了距离的远近，符合《指南》在科学领域数学认知的教育建议中提出的"鼓励和支持幼儿发现、尝试解决日常生活中需要用到数学的问题，体会数学的用处"的要求。

6.12　扔炸弹

✏ 设计意图及教育意义

扔炸弹（丢沙包）属于民间传统游戏项目。亲手缝制的沙包，既经济又环保，它不仅能锻炼幼儿小肌肉的动作，还能训练手眼协调能力，培养敏捷的反应能力。对现代的孩子来说，也不失为一种很好的玩具。丢沙包游戏可以让幼儿学会富于技巧性地躲闪，锻炼了孩子身体的灵活性，提高孩子跳跃、奔跑的能力和协调能力，运动负荷不大，既锻炼了身体，又愉悦了身心。

图 6.12.1

图 6.12.2

一、游戏器械

1. 场地设置：宽阔的户外场地。
2. 游戏材料：沙包。

二、游戏玩法

一人或多人分别站在场地两头丢沙包，其他幼儿站在中间随时躲避飞来的沙包。采取淘汰制，中间的幼儿若被沙包击中就失去本次游戏的机会。如果用手直接抓住了丢来的沙包则增加一次"生存机会"，也可以"救活"被淘汰的玩伴，被击中的幼儿就可以继续游戏了（见图6.12.1～图6.12.5）。

三、注意事项

游戏过程中，场地中间的幼儿只能用手接住沙包，身体的其他部位接触到沙包的将被淘汰下场。

四、建议

沙包不要太大，以免投掷不远，两边的距离以幼儿能投掷的平均距离为准。

图 6.12.3　图 6.12.4

图 6.12.5

✏ 落实《指南》情况

　　扔炸弹游戏适合大班幼儿。《指南》在健康领域中要求"5～6岁幼儿能躲避他人滚过来的球或扔过来的沙包，能单手将沙包向前投掷 5m 左右"。扔炸弹游戏中丢沙包的幼儿根据中间幼儿的站位，争取用沙包打中躲避者，幼儿手臂的投掷能力、手眼协调能力、空间判断能力得到了良好的发展；中间的幼儿则尽量不要被沙包打中或接住沙包，若接住沙包则增加一次"生存机会"，也可以"救活"被淘汰的玩伴，锻炼了其敏捷的反应能力、奔跑能力。《指南》在社会领域中指出："幼儿园应多为幼儿提供需要大家齐心协力才能完成的活动，让幼儿在具体活动中体会合作的重要性，学会分工合作。"此游戏要幼儿一起玩才能体会到游戏的乐趣，在"救人"与"被救"的过程中孩子们也感受到了团结互助的快乐，所以此游戏能有效地培养幼儿的团队合作意识，让幼儿体验和同伴游戏的快乐，达成了《指南》的目标要求。

6.13　拍　　球

✎ 设计意图及教育意义

在幼儿单手拍球非常熟练的基础上，为进一步增强幼儿的球感，使拍球更加有趣味性，遵循"跳一跳摘桃子"的教育理念，我们适当增加难度，创新了多种玩法。

拍球属于小肌肉群参与为主的精细化动作，主要涉及桡侧腕屈肌、掌长肌等的动作。拍球练习可以发展低年龄儿童的基本活动能力，如本体感知觉能力、眼手协调能力等。练习时，可以从拍一个球开始，熟练以后，再增加难度，拍两个球、站在跷跷板上拍等。拍球活动培养了幼儿对拍球的兴趣及良好的运动习惯，促进了幼儿肢体协调能力的发展。

图 6.13.1

一、游戏器械

篮球、单人的跷跷板（见图 6.13.1）。

二、游戏玩法

1. 双手拍球。幼儿在场地上，原地双手同时拍球（见图 6.13.2）。

2. 单手拍球。幼儿站在原地，练习单手拍球，左右手交替练习（见图 6.13.3）。

3. 下蹲拍球。蹲下，练习快速拍球（见图 6.13.4 和图 6.13.5）。

4. 转身拍球。拍一下球，快速原地转一圈，接着继续拍球（见图 6.13.6）。

5. 行进中拍球。边走边拍球（见图 6.13.7）。

6. 跷跷板上拍球。幼儿站在跷跷板上，有的拍一个球，有的拍两个球（见图 6.13.8）。

7. 跨腿拍。幼儿拍一个球，左右腿交替跨过拍，还可两个球跨腿拍（见图 6.3.9 和图 6.3.10）。

8. 分合腿拍。幼儿拿两个球坐地上，双腿合拢在两侧拍球或分腿中间拍球（见图 6.13.11 和图 6.13.12）。拍球的节奏和速度不变。

三、注意事项

由单手到双手再到花样拍球，循序渐进，由易到难。

图 6.13.2	图 6.13.3
图 6.13.4	图 6.13.5
图 6.13.6	图 6.13.7

图 6.13.8

图 6.13.9

图 6.13.10

图 6.13.11

图 6.13.12

四、建议

根据幼儿能力强弱分组练习。

✎ 落实《指南》情况

《指南》在健康领域的动作发展目标中要求幼儿"具有一定的平衡能力，动作协调、灵敏"，动作发展目标中要求 4～5 岁幼儿能连续自抛自接球；5～6 岁幼儿能连续拍球。幼儿在玩单手拍、双手拍、交替拍、运球走、拍双球、跷跷板上拍双球等游戏时，增强了四肢的肌肉力量，提高了身体的协调性、灵敏性，提高了身体素质。在此过程中，幼儿身体及动作的协调性、力量和耐力等都得到了很大程度的锻炼，达成了《指南》的目标要求。

小班幼儿主要以激发幼儿喜欢玩球的兴趣为主，可以玩一些球类游戏，进行趣味拍球等；中大班幼儿进行拍球玩法的创新，在不断挑战新难度、不断创新玩法的过程中锻炼动作、获得自信，提升身体素质的同时也获得心理的健康发展。

6.14　踢　足　球

✒ 设计意图及教育意义

足球是一项风靡全世界的运动，也是幼儿非常喜爱的活动。此项活动可以培养幼儿对足球的兴趣，使其从奔跑中体验快乐，从竞赛中学习合作。

小孩子是活泼好动的，他们精力旺盛，正是跑跑跳跳的时候，踢足球这项运动可以满足幼儿好动的天性。幼儿在踢足球时，可培养团队意识，发展友谊，发现自我。另外，幼儿在踢球奔跑的过程中，能加速体内的代谢，使气血流通加快，身体也会变得更加强壮，不易生病，从而让幼儿拥有一个好体质。

一、游戏器械

开阔的地垫场地或草坪、足球一个、球门两个（见图 6.14.1）。

图 6.14.1

二 、游戏玩法

1. 看谁能踢进球门：守门员站在球门前面，队员站在离球门 6m 远的地方往球门里踢球，看能不能把球踢进球门（见图 6.14.2 和图 6.14.3）。

2. 足球比赛：两队各选出一名幼儿做队长，两人以"包袱、剪子、锤"的方式决出控球一方。教师做裁判，指挥幼儿踢足球，在规定的时间内哪队进球多哪队胜（见图 6.14.4～图 6.14.6）。

图 6.14.2

图 6.14.3

图 6.14.4

图 6.14.5

图 6.14.6

三、注意事项

幼儿最好穿跟脚的运动鞋，提醒幼儿奔跑过程中注意不要发生碰撞。

四、建议

活动场地在开阔的地垫或草坪上。

✐ 落实《指南》情况

踢足球游戏适合中大班幼儿。《指南》在健康领域中要求幼儿"能与他人玩追逐、躲闪跑的游戏""鼓励幼儿和同伴一起开展体育活动"；在社会领域中要求"让幼儿在具体活动中体会合作的重要性，学习分工合作"。踢足球游戏能培养幼儿对足球的兴趣，使其感受体育活动的魅力。幼儿在与同伴、与足球的互动、追逐过程中，通过跑、踢、躲闪等动作，不断地进行游戏、探索，发展了动作的协调性和灵活性。另外，游戏中守门员、球员等分工合作，让幼儿体会到了合作的重要性和合作带来的快乐和满足，达到了《指南》的目标要求。

主要参考文献

董旭花，2009. 幼儿园游戏［M］. 北京：科学出版社.

段来峰，滕志芳，陶亚，2011. 我们儿时玩的游戏［M］. 海口：南海出版公司.

黄进，2006. 游戏精神与幼儿教育［M］. 南京：江苏教育出版社.

邱学青，2005. 学前儿童游戏［M］. 南京：江苏教育出版社.

孙向阳，2011. 放飞天性：幼儿园游戏新编［M］. 北京：北京少年儿童出版社.

武瑛娟，2006. 孩子最爱玩的150个经典游戏［M］. 北京：中国城市出版社.